1 母《はは》のたい院《いん》で一《ひと》安《あん》心《しん》。

院　イン
安　アン　やすい

病《びょう》□《いん》は□《あん》全《ぜん》な所《ところ》。

交通《こうつう》□《あん》全《ぜん》を寺《じ》□《いん》でいのる。

入《にゅう》□《いん》費《ひ》は□《やす》かった。

□《やす》物《もの》買《が》いのぜに失《うしな》い。

工事場《こうじば》は□《あん》全第一《ぜんだいいち》。

母《はは》のたい□《いん》で一《ひと》□《あん》心《しん》。

月　日

点／10点

おうちの方へ

「安《やす》い」など訓読みは、意味がわかりやすいことが多いです。「委《ゆだ》ねる」など耳慣れないときは「委員」から意味を考えましょう。

2 庭《にわ》に緑《みどり》の木《き》を植《う》えた。

庭　テイ　にわ
植　ショク　うえる

中《なか》□《にわ》にはキクの□《うえ》木《き》ばち。

家《か》□《てい》で□《しょく》物《ぶつ》を育《そだ》てる。

校《こう》□《てい》に記《き》念《ねん》の木《き》を□《う》えた。

□《にわ》先《さき》に梅《うめ》の木《き》がある。

うら山《やま》に□《しょく》林《りん》した。

□《にわ》に緑《みどり》の木《き》を□《う》えた。

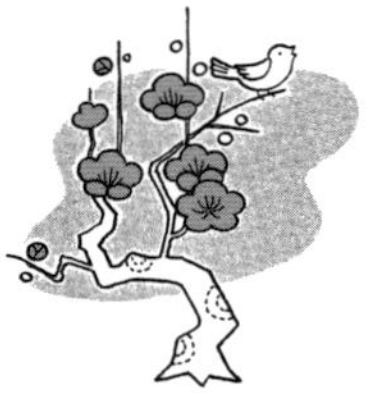

月　　日

点／10点

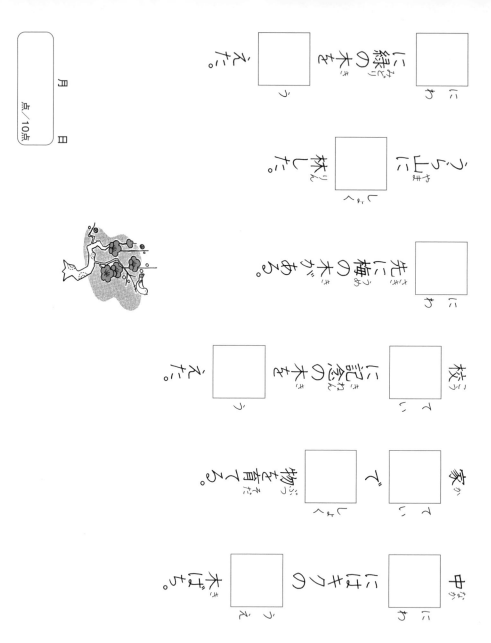

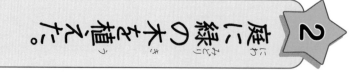

3 悪《あく》人《にん》は暗《くら》やみが好《す》き。

悪　アク　わるい

暗　アン　くらい

□《あん》号《ごう》を□《あく》用《よう》された。

□《くら》い夜道《よみち》で気味《きみ》が□《わる》い。

天気《てんき》が□《わる》く真《ま》っ□《くら》な空《そら》。

長《なが》い物語《ものがたり》を□《あん》記《き》した。

今日《きょう》は都合《つごう》が□《わる》い。

□《あく》人《にん》は□《くら》やみが好《す》き。

月　日

点／10点

4 両足《りょうあし》から血《ち》が出《で》た。

両 リョウ

血 ケツ ち

□《りょう》手《て》から出《しゅっ》□《けつ》しているよ。

鼻《はな》□《ぢ》が出《で》て□《りょう》手《て》でおさえる。

□《りょう》親《しん》は□《ち》まなこで子《こ》をさがす。

□《ち》走《ばし》った目《め》でにらむ。

前《まえ》の方《ほう》の車《しゃ》□《りょう》に乗《の》る。

□《りょう》足《あし》から□《ち》が出《で》た。

月　　日

点／10点

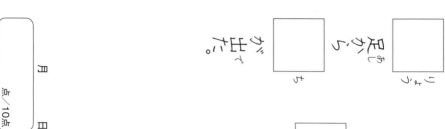

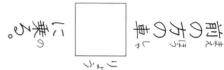

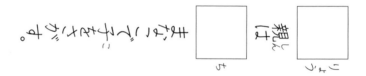

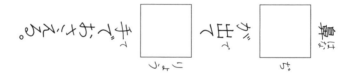

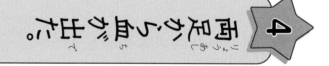

5 発《はつ》熱《ねつ》で医《い》者《しゃ》にかかる。

発《ハツ》 医《イ》

□《い》学《がく》はどんどん□《はっ》達《たつ》する。

校《こう》□《い》の先生《せんせい》は出《しゅっ》□《ぱつ》した。

新《あたら》しい□《い》薬品《やくひん》が□《はっ》見《けん》された。

あの歯《は》□《い》者《しゃ》は名医《めいい》です。

きれいな□《はつ》音《おん》で読《よ》む。

□《はつ》熱《ねつ》で□《い》者《しゃ》にかかる。

月　日

点／10点

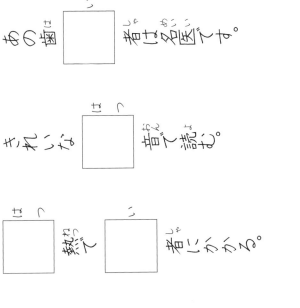

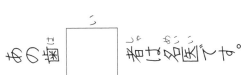

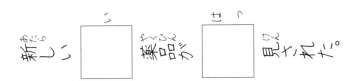

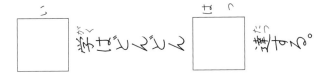

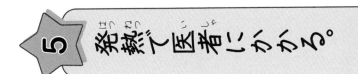

6 兄《あに》は図《と》書《しょ》委《い》員《いん》です。

委《イ》《ゆだねる》

員《イン》

姉《あね》は美化《びか》□《い》□《いん》です。

決定《けってい》を役《やく》□《いん》に□《ゆだ》ねる。

学級《がっきゅう》□《い》□《いん》が二人《ふたり》いる。

姉《あね》は花屋《はなや》の店《てん》□《いん》です。

木曜日《もくようび》に□《い》員会《いんかい》がある。

兄《あに》は図書《としょ》□《い》□《いん》です。

月　　日

点／10点

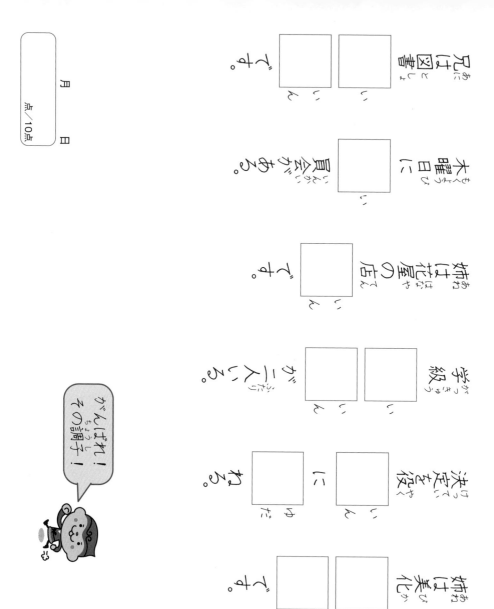

7 意味《いみ》を調《しら》べる。

意 イ

味 ミ あじ あじわう

古米《こまい》は□《い》外《がい》にいい□《あじ》だった。

人間《にんげん》□《み》がある良《よ》い□《い》見《けん》。

□《あじ》見《み》して□《い》見《けん》をのべる。

てきも□《み》方《かた》もよく戦《たたか》った。

家族《かぞく》で食事《しょくじ》を□《あじ》わう。

□《い》□《み》を調《しら》べる。

月　　日

点／10点

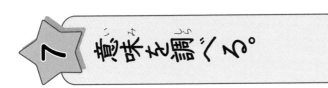

8 し育係《いくがかり》の仕事《しごと》をする。

育
イク
そだつ
そだてる
はぐくむ

係
ケイ
かかる
かかり

体《たい》□《いく》□《がかり》になりました。

母《はは》は教《きょう》□《いく》関《かん》□《けい》の仕事《しごと》です。

花《はな》を□《そだ》てる□《かかり》になりたい。

主語《しゅご》に□《かか》る言葉《ことば》をさがす。

両親《りょうしん》に□《はぐく》まれた九年間《きゅうねんかん》。

し□《いく》□《がかり》の仕事《しごと》をする。

月　　日

点／10点

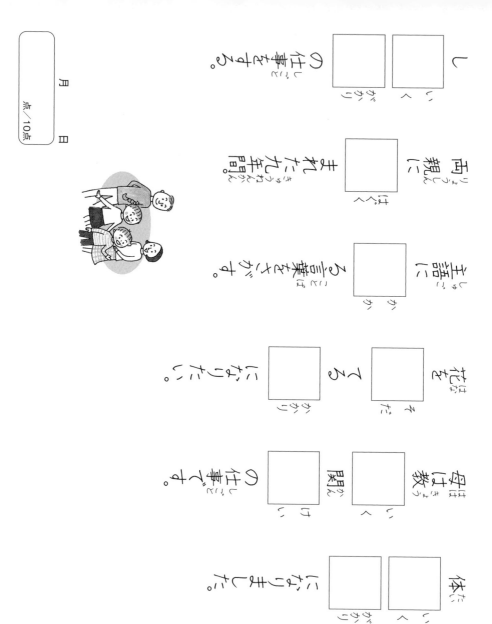

9 薬局《やっきょく》で飲《の》み薬《ぐすり》を買《か》う。

薬 ヤク くすり
飲 イン のむ

1. □《いん》用水《ようすい》で□《くすり》を飲《の》む。
2. かぜ□《ぐすり》は水《みず》で□《の》む。
3. 苦《にが》い□《くすり》を□《の》みこんだ。
4. 温《あたた》かいお茶《ちゃ》を□《の》んだ。
5. ほ健室《けんしつ》に□《やく》品《ひん》がある。
6. 薬局《やっきょく》で□《の》み□《ぐすり》を買《か》う。

月　日
点／10点

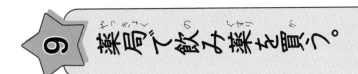

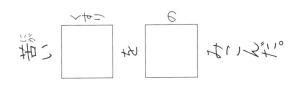

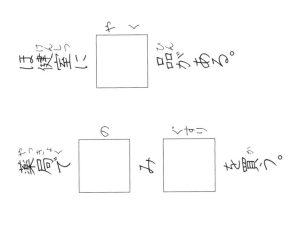

10 漢字《かんじ》の勉強《べんきょう》をする。

漢《カン》 勉《ベン》

医者《いしゃ》は□《かん》方薬《ぽうやく》の□《べん》強《きょう》もする。

□《かん》詩《し》の□《べん》学《がく》にはげむ。

□《かん》字《じ》二字《にじ》でできた□《かん》語《ご》。

十《じゅう》・百《ひゃく》・千《せん》・万《まん》は□《かん》数字《すうじ》。

毎日少《まいにちすこ》しずつ□《べん》強《きょう》する。

□《かん》字《じ》の□《べん》強《きょう》をする。

月　日

点／10点

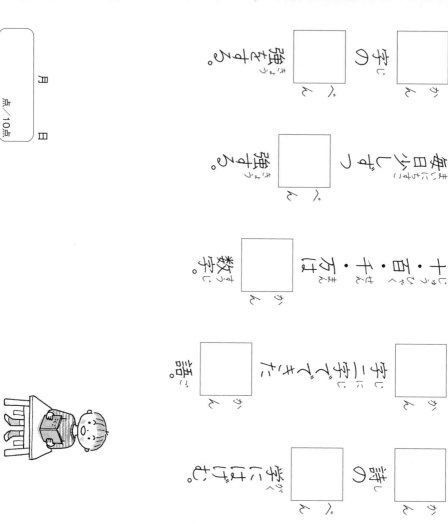

11 帳面《ちょうめん》に字《じ》を書《か》く。

帳《チョウ》 面《メン》

手《て》□《ちょう》に□《めん》会《かい》の日《ひ》を書《か》く。

日記《にっき》□《ちょう》に関西方《かんさいほう》□《めん》のことを書《か》く。

通《つう》□《ちょう》の表《ひょう》□《めん》に記名《きめい》する。

地《じ》□《めん》に絵《え》をかく。

受付《うけつけ》で記《き》□《ちょう》する。

□《ちょう》□《めん》に字《じ》を書《か》く。

月　　日

点／10点

おうちの方へ

今は「帳面」を「ノート」といいます。「農業・鉄橋・旅館・速球」などの熟語は漢字から意味がイメージできますね。

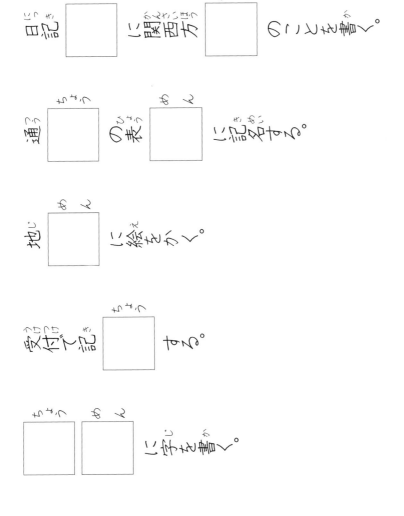

12 農《のう》作《さ》業《ぎょう》の勉《べん》強《きょう》をする。

農《ノウ》 業《ギョウ》

□《のう》□《ぎょう》は米《こめ》や野菜《やさい》を作《つく》る仕事《しごと》。

□《のう》家《か》の人《ひと》のじゅ□《ぎょう》がある。

□《のう》場《じょう》で作《さ》□《ぎょう》する。

□《のう》作物《さくぶつ》を売《う》る。

日本《にほん》は工《こう》□《ぎょう》がさかんです。

□《のう》作《さ》□《ぎょう》の勉強《べんきょう》をする。

月　　日

点／10点

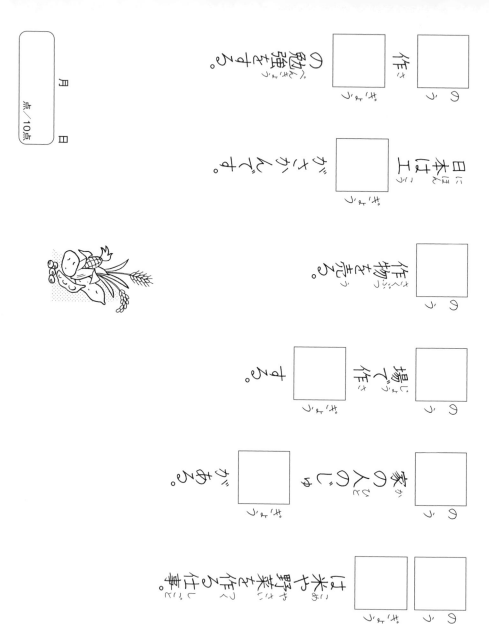

13 汽《き》車《しゃ》が鉄《てっ》橋《きょう》をわたる。

鉄 テツ

橋 キョウ はし

つり□《ばし》のロープは□《てつ》。

歩《ほ》道《どう》□《きょう》は□《てつ》でできている。

地《ち》下《か》□《てつ》なのに□《はし》がある。

地《じ》しんで□《てっ》柱《ちゅう》が曲《ま》がった。

丸《まる》木《き》□《ばし》をわたる。

汽《き》車《しゃ》が□《てっ》□《きょう》をわたる。

月　日

点／10点

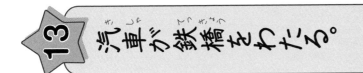

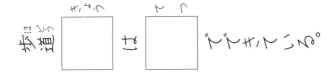

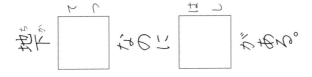

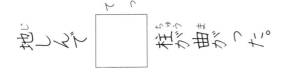

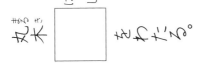

14 明日《あす》は旅館《りょかん》にとまる。

旅 リョ たび
館 カン やかた

□《たび》先《さき》でも図書《としょ》□《かん》に行《い》った。

今度《こんど》の□《りょ》行《こう》は新《しん》□《かん》にとまる。

□《たび》人《びと》は□《やかた》の主人《しゅじん》の知人《ちじん》です。

工事《こうじ》で市立体育《しりつたいいく》□《かん》が休館《きゅうかん》。

中国《ちゅうごく》に□《たび》立《だ》つ友《とも》を見送《みおく》る。

明日《あす》は□《りょ》□《かん》にとまる。

月　日

点／10点

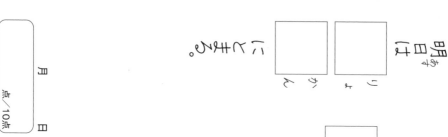

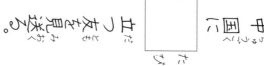

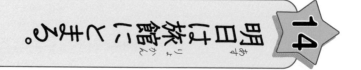

15 速《はや》い球《たま》を投《な》げる。

速　ソク　はやい　はやめる

球　キュウ　たま

□《たま》足《あし》が□《はや》い。

□《そっ》□《きゅう》を投《な》げる投手《とうしゅ》。

投《とう》□《きゅう》の□《そく》度《ど》をはかる。

地《ち》□《きゅう》温《おん》だん化《か》が進《すす》む。

汽車《きしゃ》の速度《そくど》を□《はや》める。

□《はや》い□《たま》を投《な》げる。

月　日

点／10点

16 人《ひと》はサルから進《しん》化《か》した。

進　シン　すすむ

化　カ　ばける

□《か》学工業《がくこうぎょう》の□《しん》歩《ぽ》。

公園《こうえん》の緑《りょく》□《か》が□《すす》んだ。

校内《こうない》の美《び》□《か》が□《しん》行《こう》する。

タヌキが人《ひと》に□《ば》ける話《はなし》。

音楽《おんがく》に合《あ》わせて行《こう》□《しん》する。

人《ひと》はサルから□《しん》□《か》した。

月　　日

点／10点

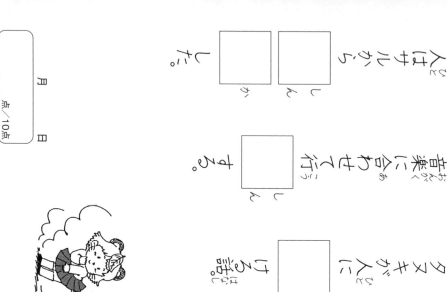

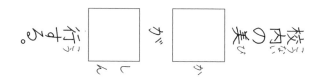

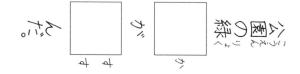

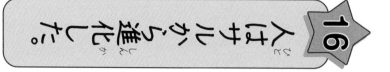

17 豆《まめ》を箱《はこ》につめる。

豆　まめ　ズ　トウ

箱　はこ

木《き》の□《はこ》で□《とう》ふを固《かた》める。

□《はこ》の中《なか》の大《だい》□《ず》で豆《まめ》まき。

小《こ》□《ばこ》に入《はい》った□《まめ》電球《でんきゅう》。

姉《あね》はなっ□《とう》が大好《だいす》き。

図工《ずこう》で□《はこ》庭《にわ》を作《つく》る。

□《まめ》を□《はこ》につめる。

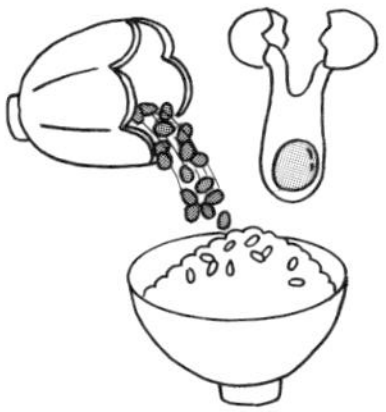

月　　日

点／10点

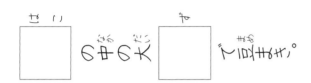

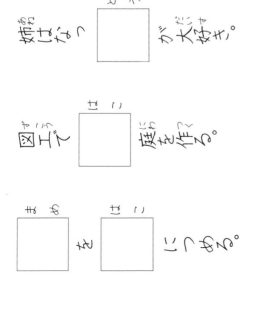

18 お客《きゃく》様《さま》をお見《み》送《おく》り。

客 キャク
様 ヨウ さま

王《おう》□《さま》に来《らい》□《きゃく》がある。

□《きゃく》室《しつ》の□《よう》子《す》を見《み》る。

船《ふね》の乗《じょう》□《きゃく》は□《さま》変《が》わりした。

おばあ□《さま》お元《げん》気《き》ですか。

□《よう》式《しき》をそろえて書《か》く。

お□《きゃく》□《さま》をお見《み》送《おく》り。

月　　日

点／10点

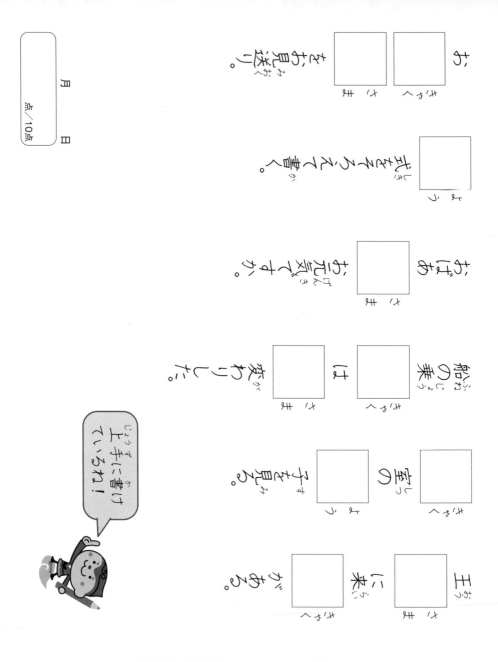

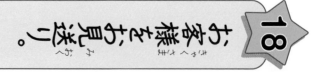

19

かん単《たん》なテスト問題《もんだい》。

問
モン
とう
とい
とん

題
ダイ

問《もん》□《だい》集《しゅう》の□《と》いに答《こた》える。

理由《りゆう》を□《と》う□《もん》題《だい》だった。

しつ□《もん》が多《おお》く出《で》た問《もん》□《だい》。

作文《さくぶん》の□《だい》を考《かんが》える。

父《ちち》は□《とん》屋《や》で洋服《ようふく》を買《か》った。

かん単《たん》なテスト□《もん》□《だい》。

月　　日

点／10点

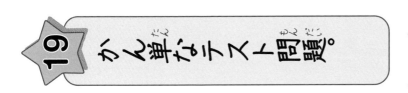

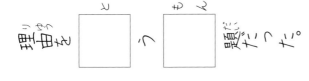

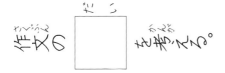

20 荷《に》物《もつ》を車《くるま》で運《はこ》ぶ。

荷 に

物 ブツ　モツ　もの

食《しょく》□《もつ》を□《に》台《だい》にのせる。

□《もの》語《がたり》の登場人《とうじょうじん》□《ぶつ》。

買《か》い□《もの》して□《に》車《ぐるま》で運《はこ》ぶ。

ぼくには□《に》が重《おも》い。

父《ちち》の部屋《へや》は書《しょ》□《もつ》が多《おお》い。

□《に》□《もつ》を車《くるま》で運《はこ》ぶ。

月　　日

点／10点

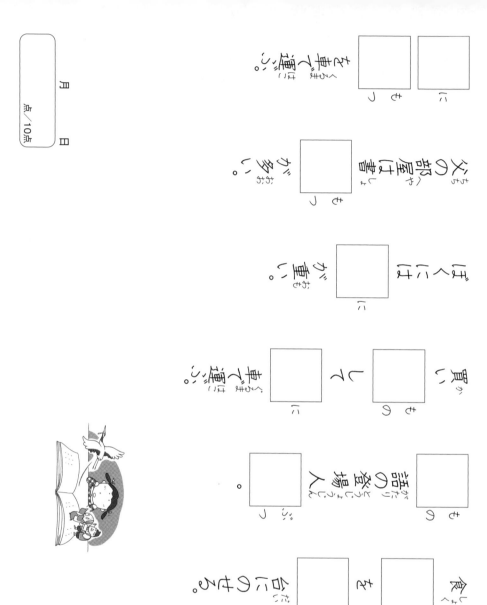

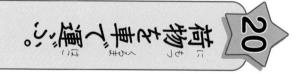

21 駅《えき》の大《おお》屋《や》根《ね》が見《み》える。

屋 オク や
＊八百屋《やおや》

根 コン ね

八百□《やおや》で大《だい》□《こん》を買《か》う。

花《はな》□《や》に球《きゅう》□《こん》はありますか。

□《おく》上《じょう》から家《いえ》の屋《や》□《ね》が見《み》える。

兄《あに》は□《こん》気《き》よく勉強《べんきょう》する。

祭《まつ》りに□《や》台《たい》がたくさん出《で》る。

駅《えき》の大《おお》□《や》□《ね》が見《み》える。

月　日

点／10点

おうちの方へ
「八百屋」は三文字で「やおや」と読みます。「百」を「オ」と読むのではありません。「開・世」は読み方が多いですよ。

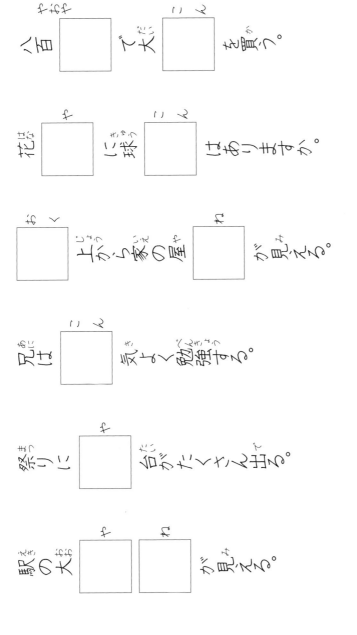

22 線《せん》路《ろ》を列《れっ》車《しゃ》が通《とお》る。

路《ロ じ》 列《レツ》

高速道《こうそくどう》□《ろ》は車《くるま》の行《ぎょう》□《れつ》だ。

通学《つうがく》□《ろ》を整《せい》□《れつ》して歩《ある》く。

□《ろ》上《じょう》は開場《かいじょう》を待《ま》つ長《なが》い□《れつ》。

黒《くろ》い雲《くも》だ。家《いえ》□《じ》を急《いそ》ごう。

横《よこ》の□《ろ》地《じ》も車《くるま》に注意《ちゅうい》。

線《せん》□《ろ》を□《れつ》車《しゃ》が通《とお》る。

月　　日

点／10点

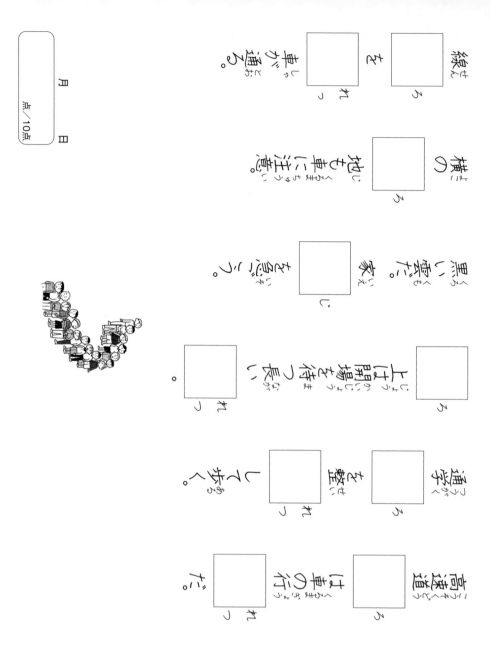

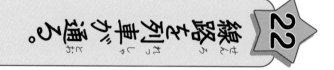

23 遊《ゆう》園《えん》地《ち》で急流《きゅうりゅう》すべり。

遊 ユウ あそぶ
急 キュウ いそぐ

□《あそ》び場《ば》から□《いそ》いで帰《かえ》る。

□《きゅう》用《よう》ができ□《あそ》べない。

□《きゅう》病《びょう》で救《きゅう》□《きゅう》車《しゃ》をよぶ。

□《ゆう》歩《ほ》道《どう》を遊《あそ》びながら歩《ある》く。

大《おお》□《いそ》ぎで家《いえ》に帰《かえ》る。

□《ゆう》園《えん》地《ち》で□《きゅう》流《りゅう》すべり。

月　　日

点／10点

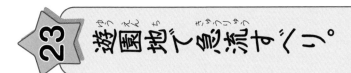

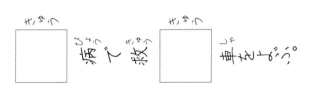

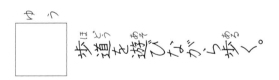

24 整列《せいれつ》して乗車《じょうしゃ》する。

整 セイ ととのえる
乗 ジョウ のる

□《じょう》用車《ようしゃ》のエンジンを調《ちょう》□《せい》する。

飛行機《ひこうき》の□《じょう》客《きゃく》□《じょう》員合計百人《いんごうけいひゃくにん》。

部屋《へや》の□《せい》理《り》□《せい》とんに注意《ちゅうい》。

室内《しつない》はいつも□《ととの》えています。

電車《でんしゃ》に□《の》って遠足《えんそく》に行《い》く。

□《せい》列《れつ》して□《じょう》車《しゃ》する。

月　　日

点／10点

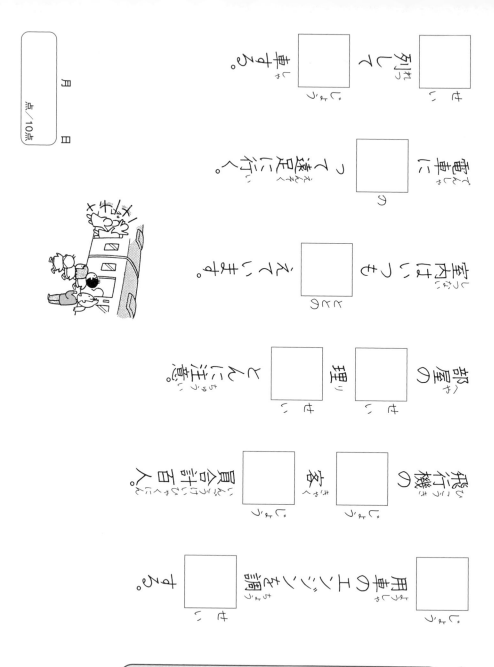

25 冷《れい》ぞう庫《こ》を運《はこ》ぶ。

庫　コ

運　ウン　はこぶ

書《しょ》□《こ》に本《ほん》を□《はこ》ぶ。

車《しゃ》□《こ》に荷物《にもつ》を□《はこ》ぶ。

文《ぶん》□《こ》本《ぼん》を買《か》いに書店《しょてん》へ足《あし》を□《はこ》ぶ。

□《うん》動会《どうかい》で必死《ひっし》に走《はし》る。

ゴーカートを□《うん》転《てん》した。

冷《れい》ぞう□《こ》を□《はこ》ぶ。

月　　日

点／10点

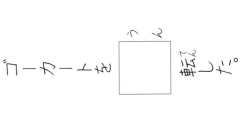

26 水《すい》泳《えい》大《たい》会《かい》が開《ひら》かれた。

泳 エイ およぐ

開 カイ ひらく ひらける あく

平《ひら》□《およ》ぎの決勝大会《けっしょうたいかい》が□《かい》会《かい》。

遠《えん》□《えい》選手《せんしゅ》への道《みち》が□《ひら》けた。

プール□《びら》きで楽《たの》しく□《およ》ぐ。

まくが□《あ》き、げきが始《はじ》まる。

水族館《すいぞくかん》で□《およ》ぐ魚《さかな》を見《み》る。

水《すい》□《えい》大会《たいかい》が□《ひら》かれた。

月　　日

点／10点

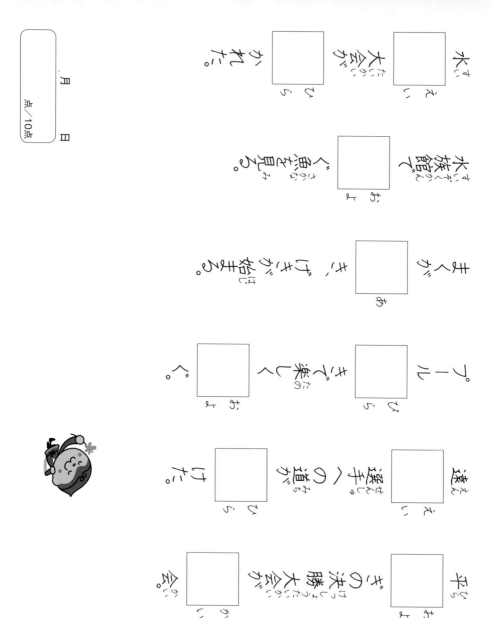

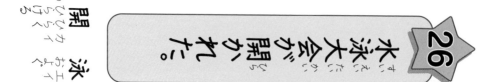

27 駅《えき》で汽《き》笛《てき》を鳴《な》らす。

駅 エキ
笛 テキ ふえ

□《えき》員《いん》が発車《はっしゃ》の□《ふえ》をふく。

□《えき》長《ちょう》はたて□《ぶえ》の名人《めいじん》。

□《えき》前広場《まえひろば》で□《ふえ》の音《ね》がする。

東京《とうきょう》□《えき》は乗客《じょうきゃく》が多《おお》い。

口《くち》□《ぶえ》をふきふき歩《ある》く。

□《えき》で汽《き》□《てき》を鳴《な》らす。

月　　日

点／10点

28 中央駅《ちゅうおうえき》の横《よこ》の銀行《ぎんこう》。

央 オウ

横 オウ よこ

□《おう》だん歩道《ほどう》の中《ちゅう》□《おう》をわたる。

中《ちゅう》□《おう》階《かい》だん□《よこ》の売店《ばいてん》。

先生《せんせい》が中《ちゅう》□《おう》で□《よこ》一列《いちれつ》にならぶ。

公園《こうえん》の中《ちゅう》□《おう》にすべり台《だい》。

高速道路《こうそくどうろ》で車《くるま》が□《おう》転《てん》。

中《ちゅう》□《おう》駅《えき》の□《よこ》の銀行《ぎんこう》。

月　日

点／10点

29 室温《しつおん》を二度《にど》下《さ》げます。

温　オン　あたたかい

度　ド

室《しつ》の温《おん》□《おん》を調整《ちょうせい》。

ちょうどいい□《おん》□《ど》のお湯《ゆ》。

今《こん》□《ど》は速《そく》□《ど》をゆるめます。

□《あたた》かい心《こころ》で客《きゃく》をもてなす。

橋《はし》の強《きょう》□《ど》を調《しら》べる。

室《しつ》□《おん》を二《に》□《ど》下《さ》げます。

月　　日

点／10点

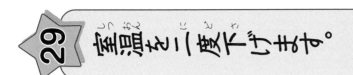

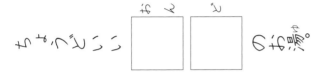

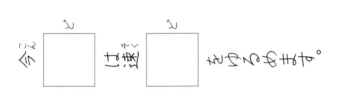

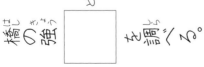

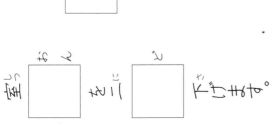

30 世界平和《せかいへいわ》を願《ねが》う。

世 セイ　セ　よ

界 カイ

この業《ぎょう》□《かい》は出《しゅっ》□《せ》が大事《だいじ》。

学《がっ》□《かい》で後《こう》□《せい》に名《な》を残《のこ》す。

動物《どうぶつ》の□《せ》□《かい》はきびしそう。

高《たか》い山《やま》から下《げ》□《かい》を見下《みお》ろす。

□《よ》の中《なか》はいい人《ひと》だけではない。

□《せ》□《かい》平和《へいわ》を願《ねが》う。

月　　日

点／10点

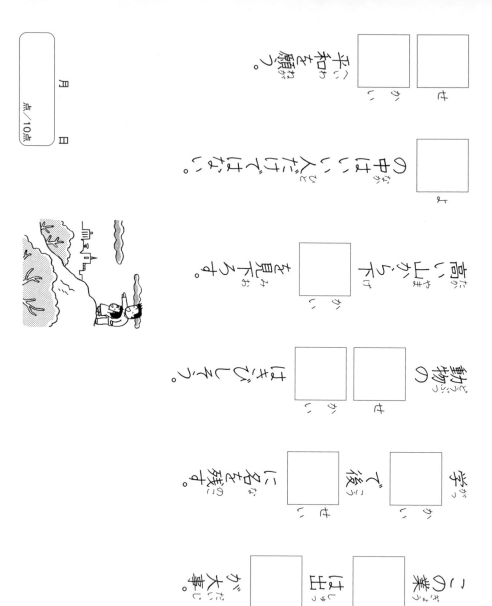

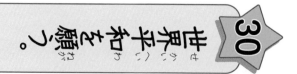

31 登校《とうこう》して二《に》階《かい》に行《い》く。

登 トウ　ト　のぼる

階 カイ

□《と》山《ざん》のと中《ちゅう》に□《かい》だんがある。

二《に》□《かい》から主人公《しゅじんこう》が□《とう》場《じょう》した。

三《さん》□《がい》から□《とう》校《こう》の様子《ようす》を見《み》る。

速球投手《そっきゅうとうしゅ》が□《とう》板《ばん》する。

父《ちち》は日曜《にちよう》に山《やま》□《のぼ》り。

□《とう》校《こう》して二《に》□《かい》に行《い》く。

月　　日

点／10点

おうちの方へ

「三階」は「さんがい」、「三回」は「さんかい」と読みます。「始まる」は「初めて」とよく間違われます。注意しましょう。

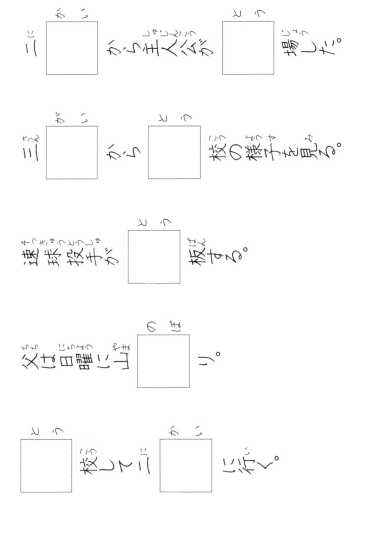

32 寒《さむ》くて息《いき》が白《しろ》くなる。

寒　カン　さむい

息　ソク　いき

□《かん》中水泳《ちゅうすいえい》で□《いき》が切《き》れる。

□《かん》波《ぱ》の海《うみ》で消《しょう》□《そく》をたった船《ふね》。

□《さむ》空《ぞら》を見《み》て、ため□《いき》をつく。

日曜《にちよう》は休《きゅう》□《そく》の日《ひ》。

いつまでも□《さむ》気《け》が去《さ》らない。

□《さむ》くて□《いき》が白《しろ》くなる。

月　　日

点／10点

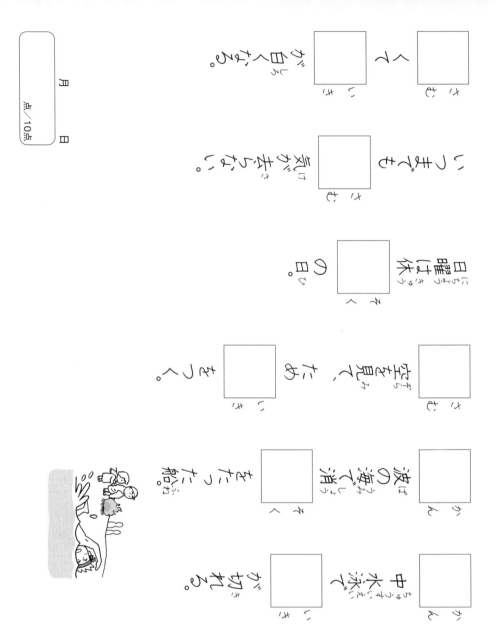

33 昔話《むかしばなし》の感想文《かんそうぶん》を書《か》く。

感《カン》 想《ソウ》

予《よ》□《そう》通《どお》りの□《かん》じだ。

空《くう》□《そう》物語《ものがたり》の□《かん》想《そう》を話《はな》した。

理《り》□《そう》の話《はなし》に□《かん》動《どう》した。

そのことは□《そう》定《てい》していた。

あの人《ひと》は□《かん》じのいい人《ひと》。

昔話《むかしばなし》の□《かん》□《そう》文《ぶん》を書《か》く。

月　日

点／10点

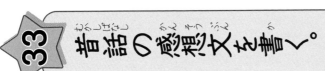

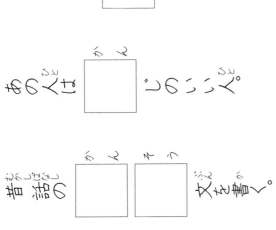

34 岸《きし》から石《いし》を投《な》げた。

岸　ガン　きし

投　トウ　なげる

対《たい》□《がん》で□《とう》球《きゅう》練《れん》習《しゅう》をしている。

海《かい》□《がん》ですもうして上手《うわて》□《な》げ。

□《きし》から□《な》げづりで魚《さかな》つり。

向《む》こう□《ぎし》まで泳《およ》げるかな。

ぼくは思《おも》いきり力《りき》□《とう》した。

□《きし》から石《いし》を□《な》げた。

月　　日

点／10点

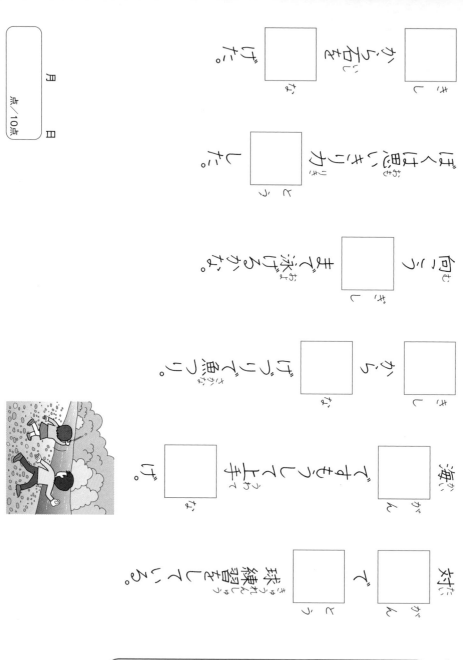

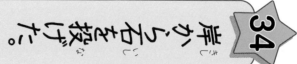

35 朝《あさ》起《お》きて湖《みずうみ》に行《い》く。

起 キ おきる おこす

湖 コ みずうみ

びわ□《こ》駅伝《えきでん》の□《き》点《てん》。

□《みずうみ》でボートの事《じ》こが□《お》きた。

□《みずうみ》のほとりで体《からだ》を□《お》こす。

船《ふね》から□《こ》水《すい》へ飛《と》びこむ。

じゅ業《ぎょう》の初《はじ》めは□《き》立《りつ》、礼《れい》。

朝《あさ》□《お》きて□《みずうみ》に行《い》く。

月　　日

点／10点

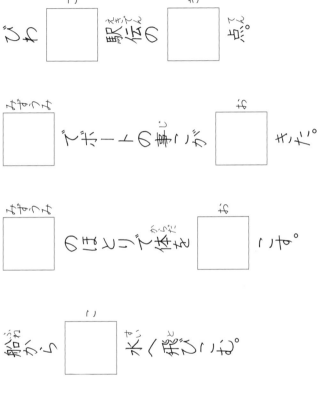

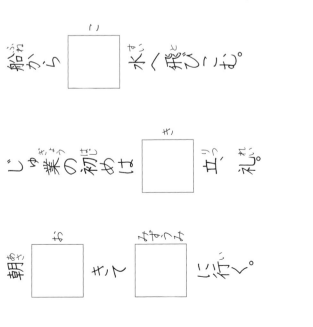

36 一《いち》学《がっ》期《き》の始《し》業《ぎょう》式《しき》。

期 キ

始 シ はじめる はじまる

1. 学《がっ》□《き》末《まっ》に九《く》九《く》の練習《れんしゅう》を□《はじ》めた。
2. 二《に》学《がっ》□《き》の勉強《べんきょう》が□《はじ》まった。
3. 水泳開《すいえいかい》□《し》の時《じ》□《き》は六月《ろくがつ》。
4. 良《よ》い成《せい》せきを□《き》待《たい》された。
5. □《し》発《はつ》の電車《でんしゃ》で出《で》かけた。
6. 一《いち》学《がっ》□《き》の□《し》業式《ぎょうしき》。

月　　日

点／10点

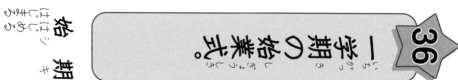

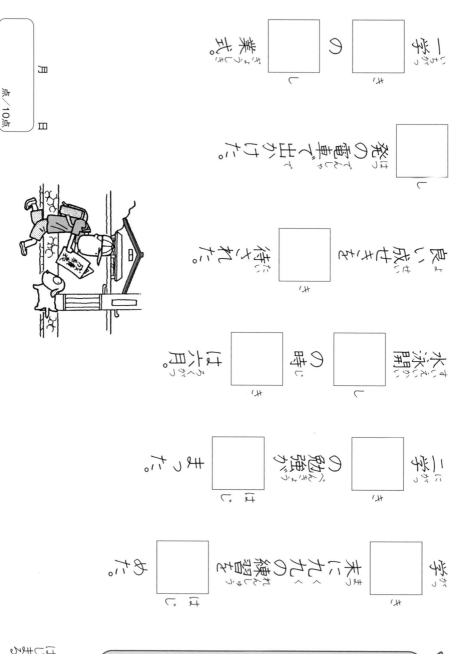

37 研《けん》究《きゅう》発《はっ》表《ぴょう》会《かい》が近《ちか》づく。

研《ケン》
究《キュウ》

母《はは》は□《けん》□《きゅう》所《じょ》で仕事《しごと》をする。

□《けん》□《きゅう》室《しつ》は三階《さんがい》にある。

先生《せんせい》は□《けん》□《きゅう》熱心《ねっしん》です。

病気《びょうき》の原《げん》いんを□《きゅう》明《めい》する。

夏休《なつやす》みに自由《じゆう》□《けん》究《きゅう》をする。

□《けん》□《きゅう》発表会《はっぴょうかい》が近《ちか》づく。

だんだんなれてきたね。すごい！

月　日

点／10点

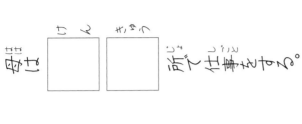

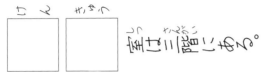

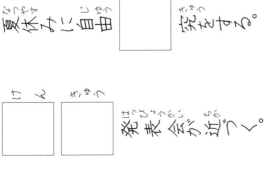

38 学《がっ》級《きゅう》代《だい》表《ひょう》を選《えら》ぶ。

級 キュウ

代 ダイ　タイ　かわる　よ

学《がっ》□《きゅう》委員《いいん》の□《か》わりをする。

□《きゅう》友《ゆう》と交《こう》□《たい》し荷物《にもつ》を運《はこ》ぶ。

上《じょう》□《きゅう》生《せい》と当番《とうばん》を□《か》わる。

千《ち》□《よ》紙《がみ》でツルを折《お》る。

春《はる》には四年生《よねんせい》に進《しん》□《きゅう》する。

学《がっ》□《きゅう》□《だい》表《ひょう》を選《えら》ぶ。

月　　日

点／10点

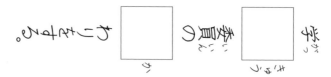

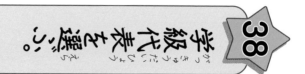

39 宮《みや》参《まい》りで神《じん》社《じゃ》に行《い》く。

宮 キュウ　みや
神 シン　ジン　かみ

お□《みや》は□《かみ》様《さま》を祭《まつ》る。

□《きゅう》でんにある女《め》□《がみ》の像《ぞう》。

□《しん》話《わ》時《じ》代《だい》の王《おう》□《きゅう》のも型《けい》。

七福《しちふく》□《じん》を祭《まつ》るお寺《てら》。

金色《きんいろ》の王《おう》□《きゅう》を見学《けんがく》。

□《みや》参《まい》りで□《じん》社《じゃ》に行《い》く。

月　日

点／10点

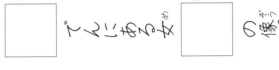

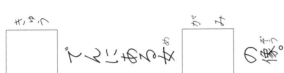

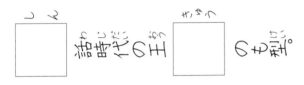

40 去《きょ》年《ねん》の大《たい》会《かい》の相《あい》手《て》校《こう》。

去 キョ コ さる

相 ソウ あい

□《そう》談《だん》相《あい》手《て》は東京《とうきょう》を□《さ》る。

か□《こ》のデータを消《しょう》□《きょ》する。

車《くるま》に□《あい》乗《の》りをして立《た》ち□《さ》った。

□《あい》しょうがいい人《ひと》はきっといる。

冬《ふゆ》が□《さ》り明《あか》るい春《はる》が来《き》た。

□《きょ》年《ねん》の大《たい》会《かい》の□《あい》手《て》校《こう》。

月　　日

点／10点

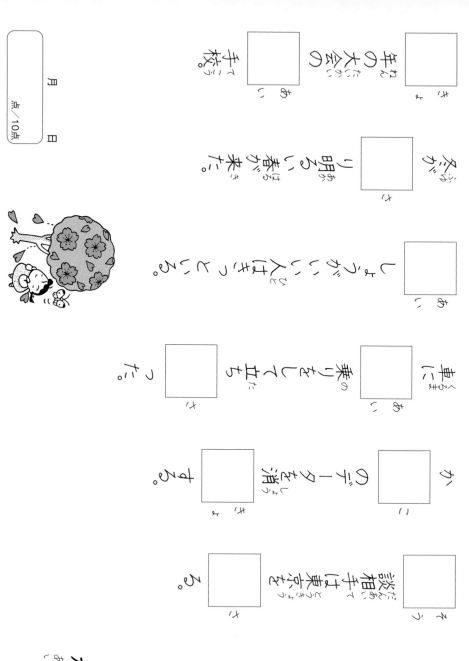

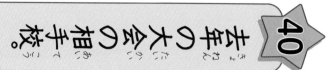

41 右《みぎ》へ曲《ま》がると薬局《やっきょく》だ。

曲 キョク まがる まげる

局 キョク

1. テレビ□《きょく》で名《めい》□《きょく》をきく。
2. 放送《ほうそう》□《きょく》から流《なが》れる行進《こうしん》□《きょく》。
3. 交通《こうつう》□《きょく》の角《かど》を□《ま》がる。
4. 竹《たけ》を□《ま》げて弓《ゆみ》を作《つく》る。
5. 囲《い》ごの対《たい》□《きょく》を見学《けんがく》。
6. 右《みぎ》へ□《ま》がると薬《やっ》□《きょく》だ。

月　　日　　点／10点

おうちの方へ　同じ読みの字には特に注意しましょう。キョク(曲・局)、カン(寒・感・漢・館)、シ(仕・使・始・死・指・詩)。

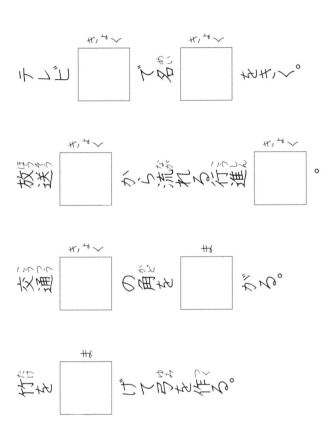

42 銀《ぎん》行《こう》員《いん》が礼《れい》をした。

銀《ギン》　礼《レイ》

金《きん》□《ぎん》のお□《れい》がどっさり。

□《ぎん》メダルを取《と》って□《れい》をする。

□《ぎん》行《こう》から□《れい》金《きん》を送《おく》る。

お□《れい》の手紙《てがみ》を書《か》く。

スキー場《じょう》は□《ぎん》世界《せかい》。

□《ぎん》行員《こういん》が□《れい》をした。

月　　日

点／10点

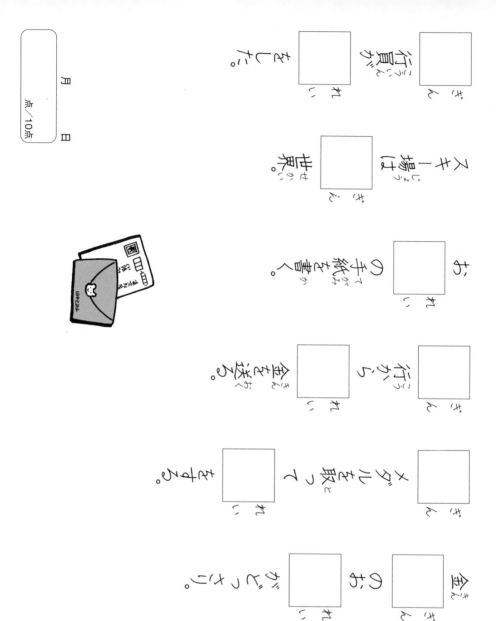

43 使《つか》いやすい道具《どうぐ》。

使 シ つかう
具 グ

筆《ふで》を□《つか》って絵《え》の□《ぐ》をぬる。

筆記用《ひっきよう》□《ぐ》を□《し》用《よう》する。

文《ぶん》ぼう□《ぐ》を□《つか》いこなす。

家《か》□《ぐ》屋《や》でイスを買《か》った。

天《てん》□《し》のような赤《あか》ちゃん。

□《つか》いやすい道《どう》□《ぐ》。

月　日
点／10点

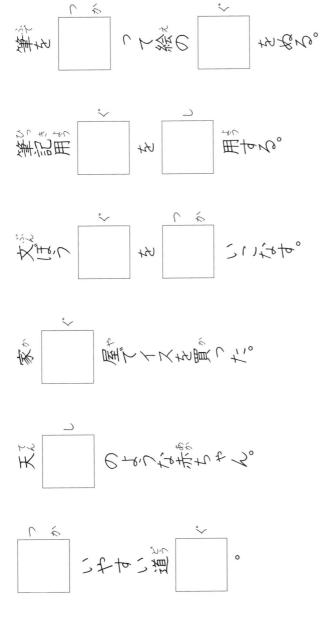

44 区《く》役《やく》所《しょ》の仕《し》事《ごと》を勉強《べんきょう》。

区 ク

役 ヤク

地《ち》□《く》を守《まも》る□《やく》目《め》がある。

□《く》長《ちょう》の□《やく》わりを果《は》たす。

□《やく》場《ば》は□《く》画整理《かくせいり》をした。

主《しゅ》□《やく》は、げきの中心《ちゅうしん》でがんばった。

土《と》地《ち》を十《じゅう》に□《く》切《ぎ》る。

□《く》□《やく》所《しょ》の仕事《しごと》を勉強《べんきょう》。

月　　日

点／10点

45 苦《く》労《ろう》して炭《すみ》を焼《や》く。

苦 ク　くるしい　にがい

炭 タン　すみ

石《せき》□《たん》を□《く》心《しん》してもやす。

□《すみ》火《び》で魚《さかな》を焼《や》き、□《にが》くなった。

□《く》心《しん》して木《もく》□《たん》画《が》をかく。

その言《い》いわけは見《み》□《ぐる》しい。

木《もく》□《たん》でバーベキューをする。

□《く》労《ろう》して□《すみ》を焼《や》く。

月　　日

点／10点

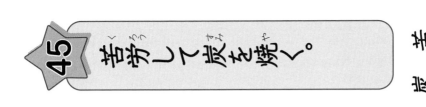

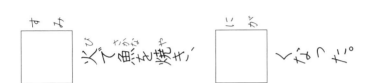

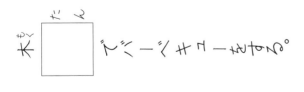

46 君《きみ》に代《か》わり受《う》け取《と》る。

君 クン きみ

受 ジュ うける うかる

□《きみ》の投《な》げたボールを□《う》ける。

□《きみ》の弟《おとうと》は大学《だいがく》に□《う》かったの。

山田《やまだ》□《くん》は□《じゅ》話器《わき》を取《と》った。

名《めい》□《くん》とよばれた昔《むかし》のとの様《さま》。

他《ほか》の係《かかり》の仕事《しごと》も□《う》け持《も》つ。

□《きみ》に代《か》わり□《う》け取《と》る。

月　日

点／10点

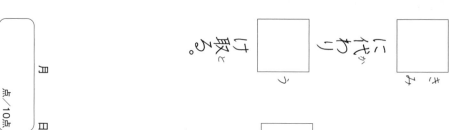

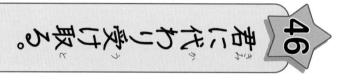

47 重《おも》たい物《もの》を軽《かる》く持《も》つ。

重 ジュウ チョウ おもい かさねる

軽 ケイ かるい

体《たい》□《じゅう》が□《かる》くなった。

□《けい》食《しょく》を食《た》べ、皿《さら》を□《かさ》ねる。

□《けい》□《ちょう》をつけて考《かんが》える。

病《びょう》気《き》が□《おも》くなる。

身《み》□《がる》な服《ふく》そうで出《で》かける。

□《おも》たい物《もの》を□《かる》く持《も》つ。

月　　日

点／10点

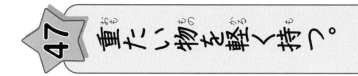

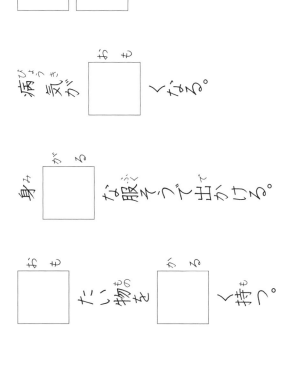

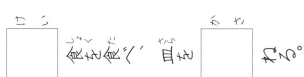

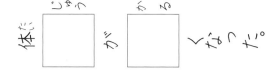

48 相《そう》談《だん》して決《き》めた。

談 ダン

決 ケツ　きめる　きまる

面《めん》□《だん》の日《ひ》が□《けっ》定《てい》。

会《かい》□《だん》の会場《かいじょう》が□《き》まる。

□《だん》話室《わしつ》の名前《なまえ》を□《き》める。

心配事《しんぱいごと》を相《そう》□《だん》する。

歌手《かしゅ》になると□《けっ》心《しん》した。

相《そう》□《だん》して□《き》めた。

月　　日

点／10点

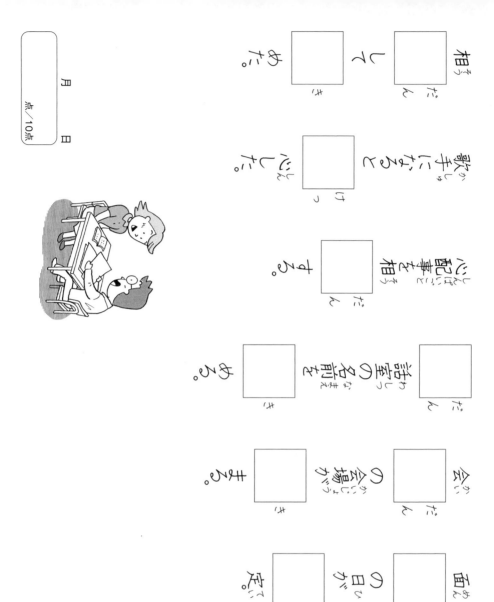

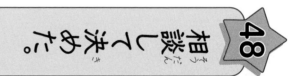

49 青《あお》森《もり》県《けん》へ家《か》族《ぞく》旅《りょ》行《こう》。

県 ケン
族 ゾク

ぼくの親《しん》□《ぞく》は和《わ》歌《か》山《やま》□《けん》に多《おお》い。

□《けん》下《か》に一《ひと》つ水《すい》□《ぞく》館《かん》がある。

□《けん》名《めい》と家《か》□《ぞく》の名《な》前《まえ》を書《か》いた。

姉《あね》は□《けん》立《りつ》高《こう》校《こう》に受《う》かった。

□《けん》道《どう》は自《じ》動《どう》車《しゃ》が多《おお》い。

青森《あおもり》□《けん》へ家《か》□《ぞく》旅《りょ》行《こう》。

月　　日

点／10点

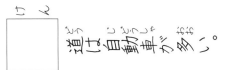

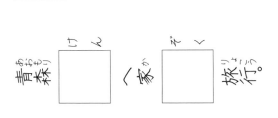

50 秋《あき》祭《まつ》りに向《む》けて練習《れんしゅう》。

祭 サイ　まつる　まつり

向 コウ　むける　むかう　むこう

高校《こうこう》の文化《ぶんか》□《さい》に□《む》かう。

□《さい》日《じつ》の人出《ひとで》の動《どう》□《こう》をさぐる。

学力《がくりょく》□《こう》上《じょう》の神《かみ》を□《まつ》った神社《じんじゃ》。

山《やま》の□《む》こうまで車《くるま》で行《い》く。

花《はな》□《まつ》りでにぎわうお寺《てら》。

秋《あき》□《まつ》りに□《む》けて練習《れんしゅう》。

月　　日

点／10点

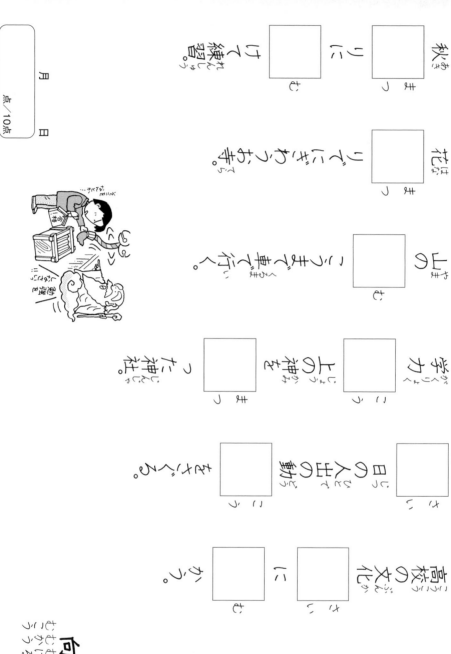

51 幸《こう》福《ふく》な家《か》庭《てい》で育《そだ》つ。

幸　コウ　さいわい　しあわせ

福　フク

□《こう》運《うん》なことに□《ふく》引《び》きで一等《いっとう》。

□《こう》□《ふく》な日《ひ》々《び》をすごす。

□《ふく》の神《かみ》を見《み》つけ、□《しあわ》せです。

入院《にゅういん》したが今《いま》は□《さいわ》い元気《げんき》です。

「□《ふく》は内《うち》」と豆《まめ》まきをする。

□《こう》□《ふく》な家庭《かてい》で育《そだ》つ。

月　日　点／10点

おうちの方へ　ここから101字目の勉強です。読んだり書いたりしながら言葉を増やしましょう。わからない言葉は辞書で引くといいですよ。

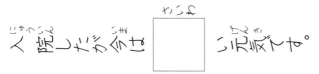

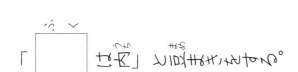

52 港《みなと》は波《なみ》が強《つよ》くなった。

港 コウ みなと

波 ハ なみ

出《しゅっ》□《こう》の時《とき》は、さざ□《なみ》だった。

入《にゅう》□《こう》時《じ》は□《なみ》風《かぜ》がきつかった。

空《くう》□《こう》は電《でん》□《ぱ》がいっぱい。

船《ふね》が□《みなと》に出《で》入《い》りする。

港《みなと》の外《そと》は高《たか》□《なみ》だ。

□《みなと》は□《なみ》が強《つよ》くなった。

月　　日

点／10点

53 文集《ぶんしゅう》第《だい》一《いち》号《ごう》ができた。

第《ダイ》
号《ゴウ》

安全《あんぜん》□《だい》一《いち》、信《しん》□《ごう》を守《まも》れ。

のぞみ□《ごう》は新《しん》かん線《せん》の□《だい》一線《いっせん》。

□《だい》一走者《いちそうしゃ》の番《ばん》□《ごう》は一《いち》。

□《だい》一回《いっかい》の学級会《がっきゅうかい》。

駅《えき》で□《ごう》外《がい》が配《くば》られた。

文集《ぶんしゅう》□《だい》一《いち》□《ごう》ができた。

月　　日

点／10点

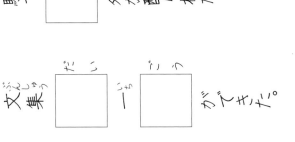

54 洋《よう》なしを皿《さら》にのせた。

洋《ヨウ》　皿《さら》

□《よう》がしをのせた□《さら》を運《はこ》ぶ。

昔《むかし》の絵《え》□《ざら》に西《せい》□《よう》人《じん》のすがた。

大《おお》□《ざら》に□《よう》食《しょく》をもる。

となりに□《よう》風《ふう》の家《いえ》が建《た》つ。

太平《たいへい》□《よう》から日《ひ》がのぼる。

□《よう》なしを□《さら》にのせた。

月　　日

点／10点

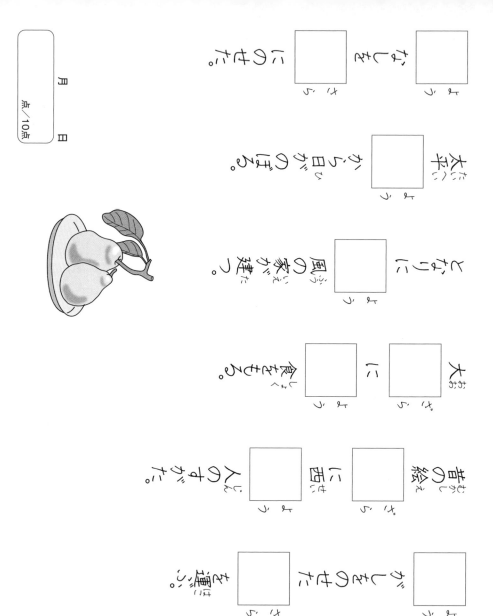

55 大切《たいせつ》な仕事《しごと》がある。

仕　シ　つかえる
事　ジ　こと

用《よう》□《じ》を早《はや》く□《し》上《あ》げる。

食《しょく》□《じ》の□《し》方《かた》は大事《だいじ》です。

世《よ》の中《なか》の出来《でき》□《ごと》を記《き》□《じ》にする。

返《へん》□《じ》ははっきり大《おお》きな声《こえ》で。

王様《おうさま》に□《つか》えるのは大変《たいへん》だ。

大切《たいせつ》な□《し》□《ごと》がある。

月　　日

点／10点

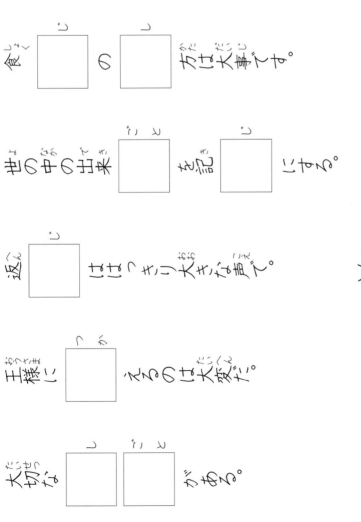

56 事《じ》こで死《し》者《しゃ》が出《で》た。

死　シ　しぬ

者　シャ　もの

生《せい》□《し》をさまようかん□《じゃ》。

テレビの人気《にんき》□《もの》が急《きゅう》□《し》した。

新聞記《しんぶんき》□《しゃ》が病気《びょうき》で□《し》んだ。

学《がく》□《しゃ》は毎日研究《まいにちけんきゅう》を続《つづ》けた。

□《し》にたえた動物《どうぶつ》もいる。

事《じ》こで□《し》□《しゃ》が出《で》た。

月　　日

点／10点

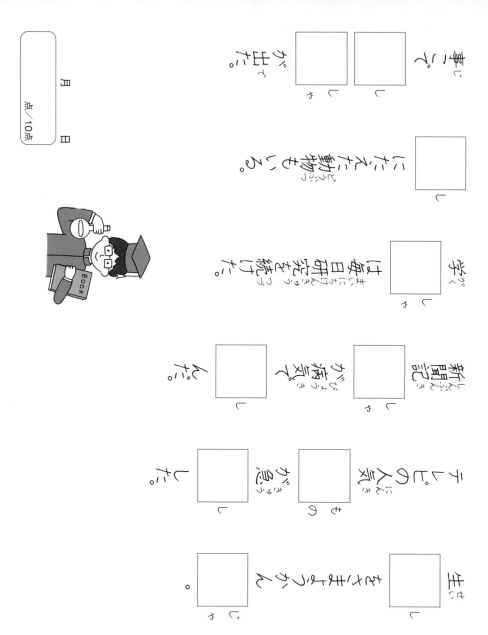

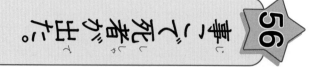

57 親《おや》指《ゆび》の皮《かわ》がめくれた。

指 シ ゆび さす
皮 ヒ かわ

学校《がっこう》□《し》定《てい》の合《ごう》□《ひ》のかばん。

□《ひ》肉《にく》を言《い》いながら□《さし》図《ず》する。

□《し》名《めい》され、リンゴの□《かわ》をむく。

方位《ほうい》じしんは東《ひがし》を□《さ》さない。

□《ゆび》先《さき》でミカンの皮《かわ》をむく。

親《おや》□《ゆび》の□《かわ》がめくれた。

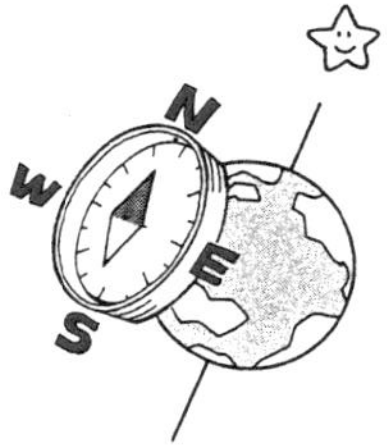

月　　日
点／10点

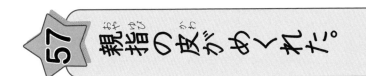

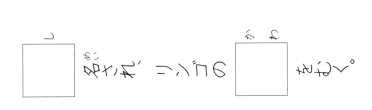

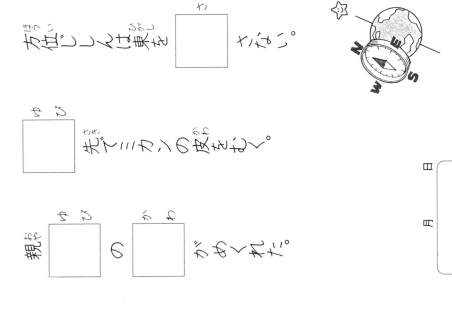

58 年《とし》を取《と》った歯《は》医《い》者《しゃ》。

歯 はシ　取 とる シュ

□《し》科《か》医《い》を□《しゅ》材《ざい》する。

□《は》につまった物《もの》を□《と》る。

ぬいた犬《けん》□《し》を□《と》り出《だ》す。

赤《あか》ちゃんの□《は》が生《は》える。

先《せん》□《しゅ》点《てん》を死《し》守《しゅ》する投《とう》手《しゅ》。

年《とし》を□《と》った□《は》医《い》者《しゃ》。

わからないときは、右下《みぎした》の漢字《かんじ》の読《よ》み方《かた》で、たしかめよう。

月　　日

点／10点

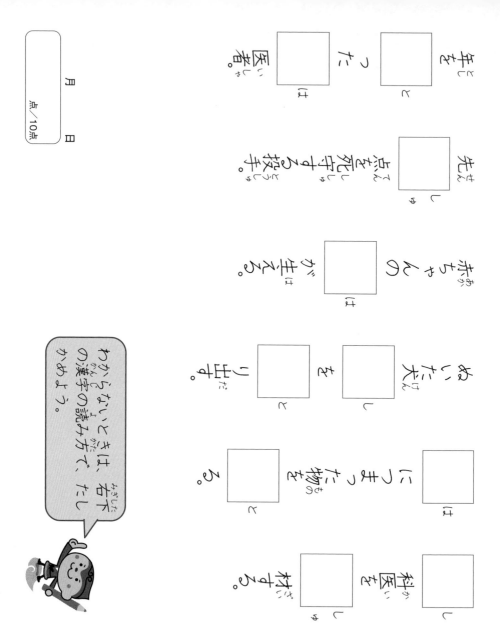

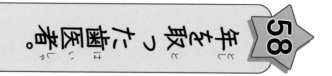

59 短《みじか》い詩《し》だが感動《かんどう》した。

短《タン みじかい》　詩《シ》

□《たん》所《しょ》や長所《ちょうしょ》を□《し》に書《か》く。

□《みじか》い話《はなし》や□《し》を楽《たの》しむ。

漢《かん》□《し》を□《たん》期間《きかん》で覚《おぼ》える。

急《いそ》ぐので手《て》□《みじか》に話《はな》す。

散歩《さんぽ》しながら□《し》作《さく》する。

□《みじか》い□《し》だが感動《かんどう》した。

月　　日

点／10点

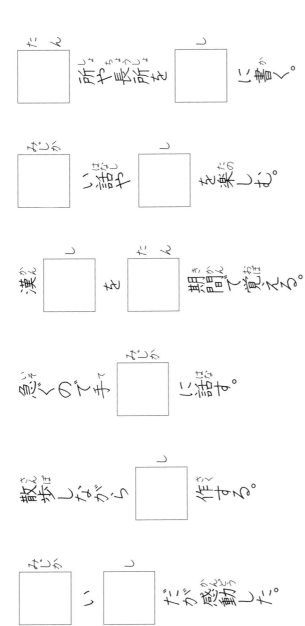

60 次《つぎ》の駅《えき》で待《ま》っている。

次　ジ　つぎ　つぐ

待　タイ　まつ

□《じ》回《かい》は期《き》□《たい》できる。

待合室《まちあいしつ》で□《じ》男《なん》を□《ま》った。

社長《しゃちょう》への取《と》り□《つ》ぎを□《ま》つ。

□《ま》ち時間《じかん》は長《なが》く感《かん》じる。

東京《とうきょう》に□《つ》ぐ大都市《だいとし》。

□《つぎ》の駅《えき》で□《ま》っている。

月　　日

点／10点

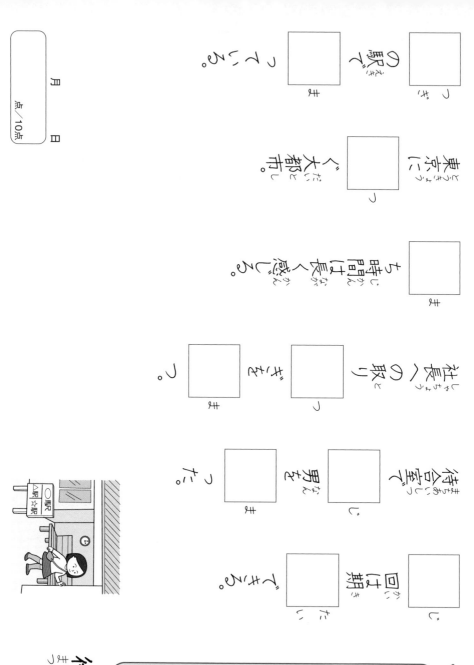

61 開会式《かいかいしき》で旗《はた》を持《も》つ。

式《シキ》　持《ジ もつ》

□《しき》で使《つか》う物《もの》を□《じ》参《さん》する。

新《しん》□《しき》の電話《でんわ》を所《しょ》□《じ》する。

始業《しぎょう》□《しき》の□《も》ち物《もの》は用意《ようい》した。

母《はは》の□《じ》病《びょう》が悪化《あっか》した。

喜《よろこ》んで入学《にゅうがく》□《しき》に行《い》く。

開会《かいかい》□《しき》で旗《はた》を□《も》つ。

月　　日

点／10点

おうちの方へ

70の「しょうしゃ」は小社、商社があります。ここは「商」を学習するページなので「商社」が正解。他の所も気をつけよう。

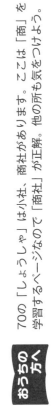

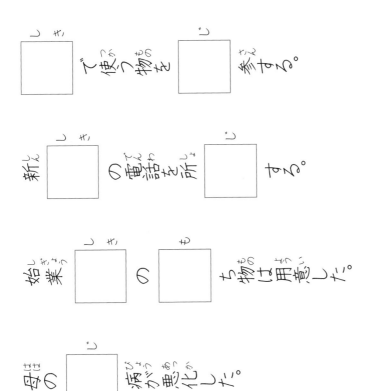

62 先生《せんせい》に真実《しんじつ》を話《はな》す。

真 シン ま

実 ジツ み みのる

□《ま》っ先《さき》に木《き》の□《み》を取《と》った。

写《しゃ》□《しん》は□《じつ》はにせ物《もの》だった。

夏《なつ》にスイカが□《みの》る。

□《じっ》行力《こうりょく》を身《み》につけよう。

□《みの》りの秋《あき》は読書《どくしょ》の秋《あき》。

先生《せんせい》に□《しん》□《じつ》を話《はな》す。

月　　日

点／10点

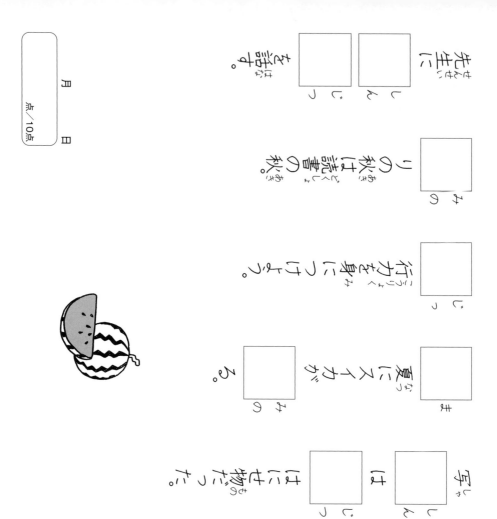

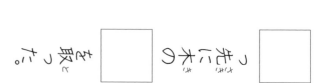

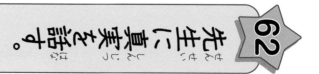

63 漢字《かんじ》を写《うつ》すのが宿題《しゅくだい》。

写　シャ　うつす

宿　シュク　やど　やどる　やどす

□《やど》屋《や》で□《しゃ》真《しん》を写《うつ》す。

書《しょ》□《しゃ》教室《きょうしつ》で合《がっ》□《しゅく》する。

□《やど》の庭《にわ》を□《しゃ》生《せい》する。

新《あたら》しい命《いのち》を□《やど》した母《はは》。

手本《てほん》をていねいに□《うつ》す。

漢字《かんじ》を□《うつ》すのが□《しゅく》題《だい》。

月　日

点／10点

64 主《しゅ》人《じん》はお酒《さけ》を飲《の》んだ。

酒 さけ　さか　シュ
主 おも　ぬし　シュ

□《しゅ》人公《じんこう》は洋《よう》□《しゅ》が好《す》き。

地《じ》□《ぬし》は□《さか》屋《や》をしている。

□《しゅ》役《やく》が酒場《さかば》で□《さけ》を飲《の》む。

□《おも》な登場人物《とうじょうじんぶつ》を言《い》いなさい。

□《しゅ》語《ご》は何《なに》かを考《かんが》える。

□《しゅ》人《じん》はお□《さけ》を飲《の》んだ。

月　　日

点／10点

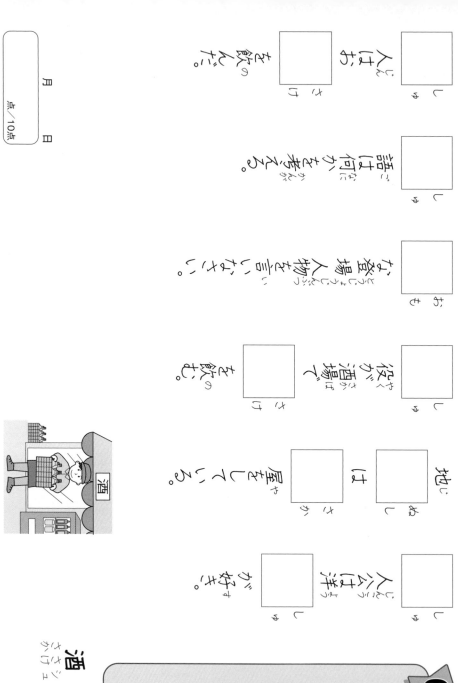

65 お守《まも》りを身《み》に着《つ》ける。

守　シュ　ス　まもる

身　み　シン

自分《じぶん》で□《み》を□《まも》る。

自《じ》□《しん》で入《い》れた一点《いってん》を死《し》□《しゅ》する。

□《み》内《うち》に留《る》□《す》番《ばん》をたのんだ。

去年《きょねん》より□《しん》長《ちょう》がのびた。

身軽《みがる》で上手《じょうず》な□《しゅ》びをする選手《せんしゅ》。

お□《まも》りを□《み》に着《つ》ける。

月　　日

点／10点

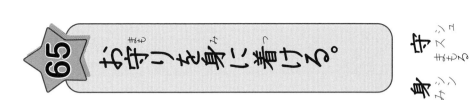

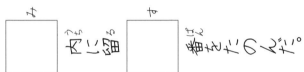

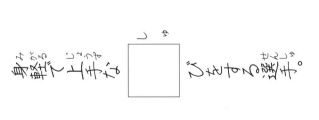

66 九州《きゅうしゅう》は住《す》みやすい。

州 シュウ

住 ジュウ すむ すまう

テキサス□《しゅう》でひとり□《ず》まい。

□《しゅう》立大学《りつだいがく》のりょうに□《す》む。

となりの□《じゅう》人《にん》はハワイ□《しゅう》出身《しゅっしん》。

本《ほん》□《しゅう》は一番大《いちばんおお》きい島《しま》。

自分《じぶん》の□《じゅう》所《しょ》を書《か》く。

九《きゅう》□《しゅう》は□《す》みやすい。

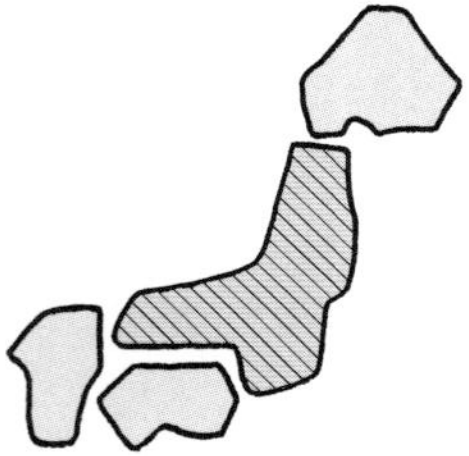

月　　日

点／10点

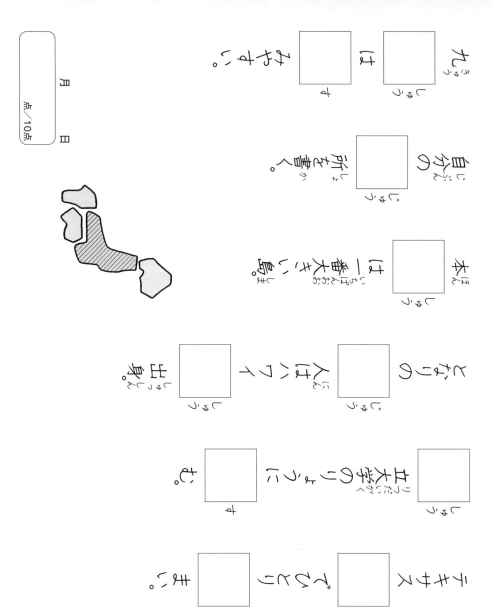

67 けん命《めい》にゴミを拾《ひろ》う。

命　メイ　いのち

拾　ひろう

早《はや》い救助《きゅうじょ》で□《いのち》□《びろ》いした。

□《ひろ》った犬《いぬ》に□《めい》名《めい》した。

この□《ひろ》い物《もの》は運《うん》□《めい》のいたずら。

習《なら》った漢字《かんじ》を□《ひろ》い読《よ》みする。

人《じん》□《めい》は何《なに》より大切《たいせつ》。

けん□《めい》にゴミを□《ひろ》う。

月　　日

点／10点

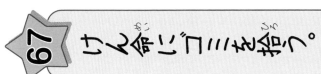

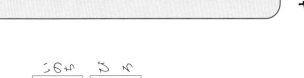

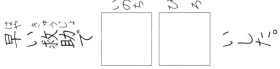

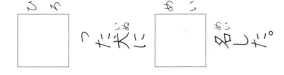

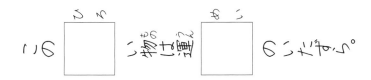

68 暑《あつ》い夏《なつ》は終《お》わった。

暑 ショ あつい

終 シュウ おわる おえる

□《しゅう》業式《ぎょうしき》は□《あつ》い日《ひ》だった。

□《しゅう》日《じつ》むし□《あつ》かった。

□《あつ》さの中《なか》で仕事《しごと》を□《お》えた。

□《あつ》さ寒《さむ》さもひ岸《がん》まで。

□《しょ》中見《ちゅうみ》まいの葉書《はがき》を出《だ》す。

□《あつ》い夏《なつ》は□《お》わった。

月　　日

点／10点

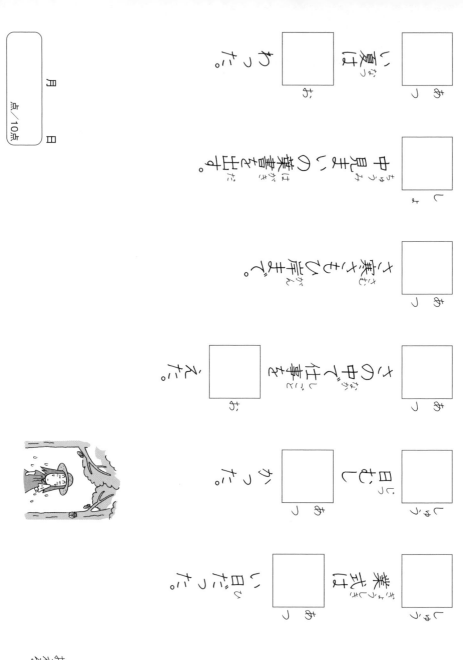

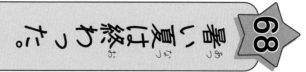

69 毛《もう》筆《ひつ》の練《れん》習《しゅう》をした。

筆 ヒツ ふで
習 シュウ ならう

□《ひっ》者《しゃ》の上手《じょうず》な文《ぶん》を見《み》□《なら》う。

えん□《ぴつ》の持《も》ち方《かた》を学《がく》□《しゅう》した。

□《しゅう》字《じ》の名前《なまえ》は□《ふで》で書《か》く。

静《しず》かに自《じ》□《しゅう》をする。

画家《がか》が絵《え》□《ふで》をふるう。

毛《もう》□《ひつ》の練《れん》□《しゅう》をした。

月　　日

点／10点

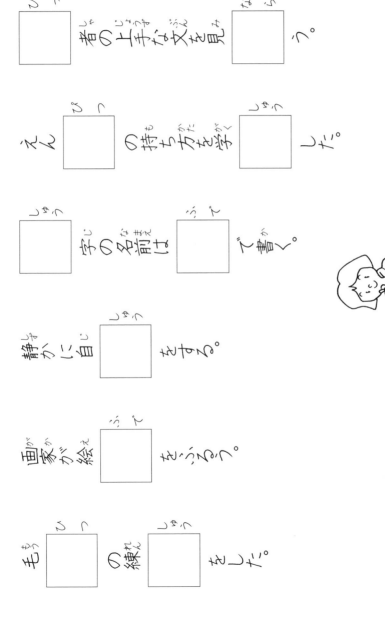

70 商《しょう》店《てん》街《がい》をぬけた所《ところ》。

商 ショウ

所 ショ ところ

□《しょう》品《ひん》を置《お》く場《ば》□《しょ》を決《き》める。

□《しょう》社《しゃ》の住《じゅう》□《しょ》を書《か》く。

人《ひと》が多《おお》い□《ところ》で□《しょう》売《ばい》をする。

□《しょう》品《ひん》は外国《がいこく》から仕入《しい》れた。

台《だい》□《どころ》で宿題《しゅくだい》をする。

□《しょう》店街《てんがい》をぬけた□《ところ》。

月　　日

点／10点

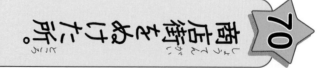

71 先生《せんせい》の助言《じょげん》で勝《か》てた。

助 ジョ たすける
勝 ショウ かつ

□《じょ》走《そう》がよくて決《けっ》□《しょう》に進《すす》む。

□《たす》け合《あ》って試合《しあい》に□《か》った。

□《か》ち負《ま》けよりも□《たす》け合《あ》い。

人命《じんめい》救《きゅう》□《じょ》した消《しょう》ぼう隊《たい》。

身《み》□《がっ》手《て》な行動《こうどう》をしないこと。

先生《せんせい》の□《じょ》言《げん》で□《か》てた。

月　日

点／10点

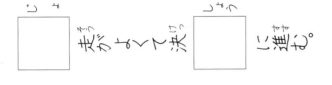

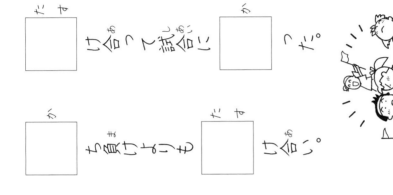

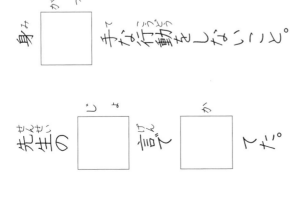

72 消《しょう》ぼう車《しゃ》の放《ほう》水《すい》訓《くん》練《れん》。

消
ショウ
きえる
けす

放
ホウ
はなす
はなつ
ほうる

□《ほう》送《そう》の音《おと》を□《け》してください。

手《て》を□《はな》すと音《おと》が□《き》える。

□《はな》たれた鳥《とり》は森《もり》に□《き》えた。

むだな電気《でんき》は□《け》そう。

ボールを□《ほう》り投《な》げる。

□《しょう》ぼう車《しゃ》の□《ほう》水《すい》訓《くん》練《れん》。

月　　日

点／10点

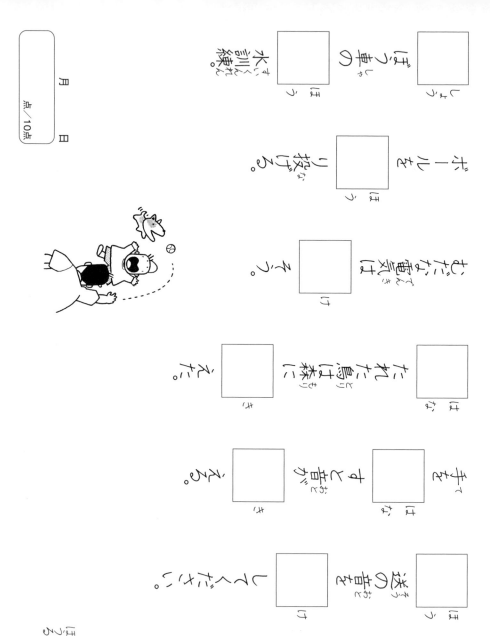

73 落《お》ち葉《ば》を集《あつ》める。

落 ラク おちる おとす
集 シュウ あつまる あつめる

鳥《とり》が□《あつ》まり木《き》の実《み》を□《お》とす。

文《ぶん》□《しゅう》に□《らく》書《が》きしたのはだれだ。

□《らく》語《ご》を聞《き》きに人《ひと》が□《あつ》まる。

学年《がくねん》□《しゅう》会《かい》は楽《たの》しかった。

日《ひ》が□《お》ちて暗《くら》くなる。

□《お》ち葉《ば》を□《あつ》める。

月　日
点／10点

74 先生《せんせい》は昭和《しょうわ》生《う》まれ。

昭《ショウ》 和《ワ》

南極《なんきょく》に□《しょう》□《わ》き地《ち》がある。

□《しょう》和《わ》の後半《こうはん》は平《へい》□《わ》だった。

□《しょう》□《わ》時代《じだい》の農村《のうそん》の勉強《べんきょう》。

□《しょう》和《わ》の次《つぎ》は平成《へいせい》。

日本料理《にほんりょうり》を□《わ》食《しょく》という。

先生《せんせい》は□《しょう》□《わ》生《う》まれ。

月　日

点／10点

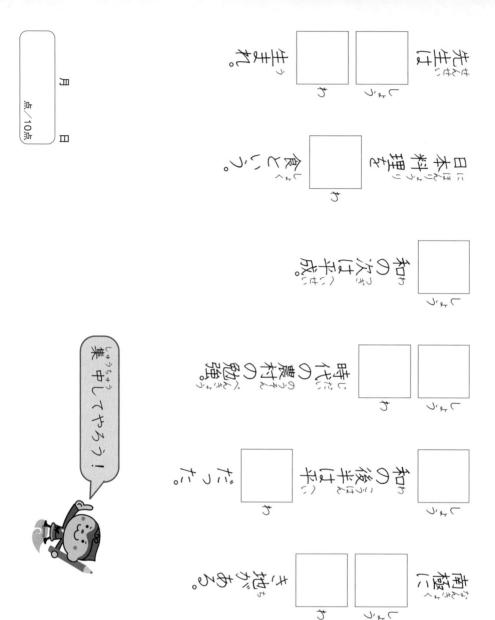

75 校《こう》章《しょう》を服《ふく》に着《つ》ける。

章 ショウ
服 フク

むねに市《し》□《しょう》があるせい□《ふく》。

係《かかり》の記《き》□《しょう》を和《わ》□《ふく》に着《つ》ける。

薬《くすり》の□《ふく》用《よう》の仕《し》方《かた》の文《ぶん》□《しょう》を読《よ》む。

きれいな色《いろ》の洋《よう》□《ふく》を着《き》る。

お茶《ちゃ》をいれて一《いっ》□《ぷく》しよう。

校《こう》□《しょう》を□《ふく》に着《つ》ける。

月　　日

点／10点

76 全《まった》く申《もう》しこみがない。

全 ゼン まったく すべて

申 もうす

□《ぜん》部《ぶ》□《もう》しこみます。

□《すべ》ての人《ひと》が□《もう》しこんだ。

□《ぜん》員《いん》で□《もう》し入《い》れよう。

田中《たなか》と□《もう》します。

□《ぜん》文《ぶん》を写《うつ》す宿題《しゅくだい》。

□《まった》く□《もう》しこみがない。

月　日

点／10点

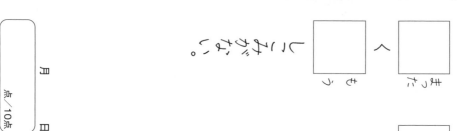

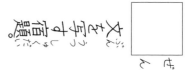

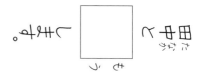

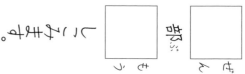

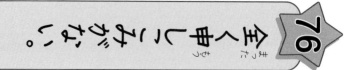

77 根《ね》の部《ぶ》分《ぶん》は深《ふか》い。

部 ブ
＊部屋《へや》

深 シン ふかい

□《しん》夜《や》に□《へや》屋に帰《かえ》る。

□《ぶ》長《ちょう》は考《かんが》え□《ぶか》い人《ひと》です。

□《ぶ》品《ひん》のあなの□《ふか》さをはかる。

野《や》球《きゅう》□《ぶ》員《いん》は全《ぜん》部《ぶ》で二十《にじゅう》名《めい》。

□《しん》海《かい》の生《せい》物《ぶつ》を研《けん》究《きゅう》する。

根《ね》の□《ぶ》分《ぶん》は□《ふか》い。

月　　日

点／10点

78 昔《むかし》の悲《かな》しい物語《ものがたり》。

昔　むかし
悲　ヒ　かなしい　かなしむ

□《むかし》なじみの死《し》を□《かな》しむ。

今《いま》も□《むかし》も深《ふか》い□《かな》しみがある。

□《ひ》運《うん》なおひめ様《さま》の□《むかし》話《ばなし》。

宿題《しゅくだい》の多《おお》さに□《ひ》鳴《めい》を上《あ》げる。

大《おお》□《むかし》の人々《ひとびと》のくらしを学《まな》ぶ。

□《むかし》の□《かな》しい物語《ものがたり》。

月　日
点／10点

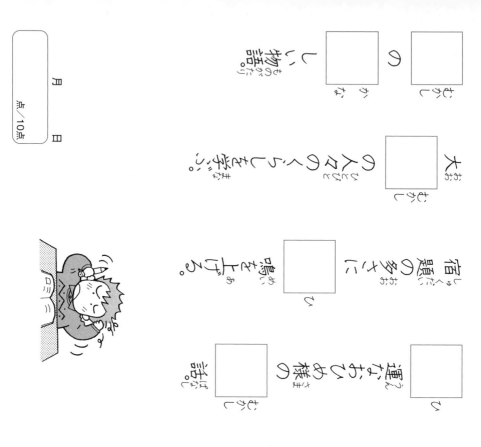

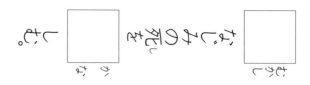

79 注《ちゅう》文《もん》の品《しな》を送《おく》る。

注 チュウ　そそぐ

送 ソウ　おくる

放《ほう》□《そう》の言葉《ことば》に□《ちゅう》意《い》する。

安全《あんぜん》に□《ちゅう》意《い》して運《うん》□《そう》する。

□《おく》りがなに□《ちゅう》目《もく》して書《か》く。

友《とも》だちを全員《ぜんいん》で見《み》□《おく》った。

コップに水《みず》を□《そそ》ぐ。

□《ちゅう》文《もん》の品《しな》を□《おく》る。

月　日

点／10点

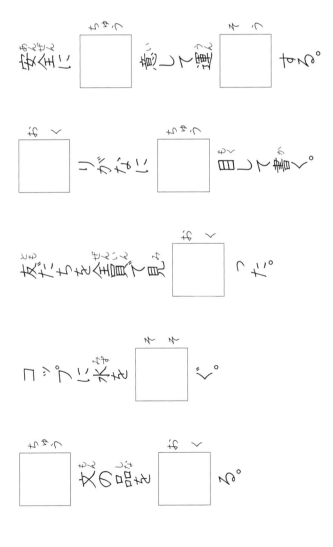

80 他《た》国《こく》の首都《しゅと》を調《しら》べた。

他 タ ほか

調 チョウ しらべる

□《ほか》の材料《ざいりょう》でも□《ちょう》理《り》する。

□《た》校《こう》と選手《せんしゅ》の数《かず》を□《ちょう》整《せい》する。

□《た》県《けん》の食《た》べ物《もの》を□《しら》べる。

体《たい》□《ちょう》がとても良《よ》い。

□《た》人《にん》のことも考《かんが》える。

□《た》国《こく》の首都《しゅと》を□《しら》べた。

月　日

点／10点

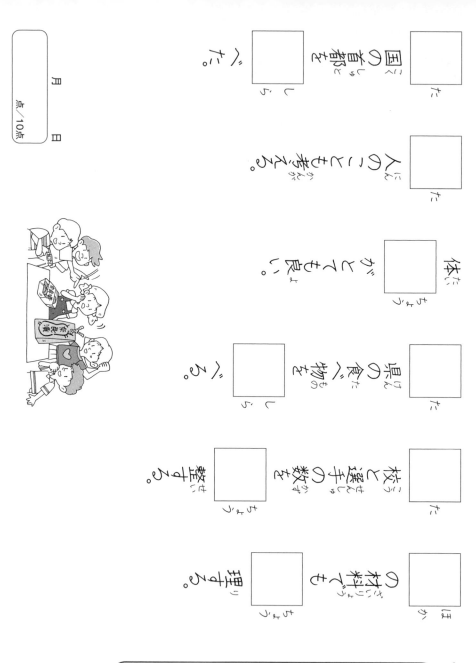

81 柱《はしら》にくぎを打《う》ちこむ。

柱　チュウ　はしら

打　ダ　うつ

□《はしら》時計《どけい》が三時《さんじ》を□《う》つ。

門《もん》□《ちゅう》で頭《あたま》を強《きょう》□《だ》した。

□《だ》球《きゅう》が電《でん》□《ちゅう》に当《あ》たった。

代打《だいだ》がホームランを□《う》つ。

あっ、茶《ちゃ》□《ばしら》が立《た》っている。

□《はしら》にくぎを□《う》ちこむ。

おうちの方へ　同じ部分があり、同じ読みをする字を見つけましょう。反・板、注・柱、羊・洋。漢字は中国から伝わった字。「畑」は日本漢字。

月　　日

点／10点

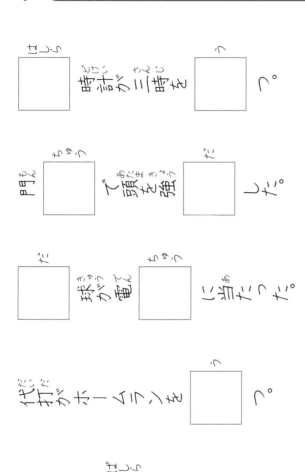

82 その意見《いけん》には反対《はんたい》。

反 ハン そらす

対 タイ

□《はん》感《かん》を持《も》って□《たい》決《けつ》する。

□《たい》等《とう》でないと□《はん》発《ぱつ》する。

仲良《なかよ》しの□《はん》面《めん》、□《たい》立《りつ》もある。

親子《おやこ》の□《たい》話《わ》はありますか。

体《からだ》を□《そ》らして空《そら》を見《み》る。

その意見《いけん》には□《はん》□《たい》。

月　日

点／10点

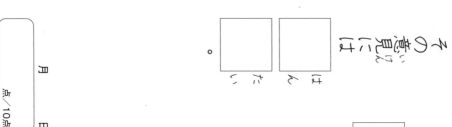

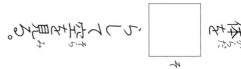

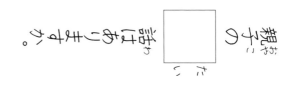

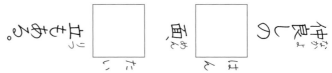

83 注文《ちゅうもん》の薬品《やくひん》が着《つ》いた。

品　ヒン　しな

着　チャク　きる　つく

上《じょう》□《ひん》な着物《きもの》を□《き》た人《ひと》。

先《せん》□《ちゃく》十名《じゅうめい》に食《しょく》□《ひん》が当《あ》たる。

□《しな》切《ぎ》れだった商品《しょうひん》が□《つ》いた。

とび箱《ばこ》は□《ちゃく》地《ち》が大事《だいじ》です。

作《さく》□《ひん》に名前《なまえ》を書《か》く。

注文《ちゅうもん》の薬《やく》□《ひん》が□《つ》いた。

月　　日

点／10点

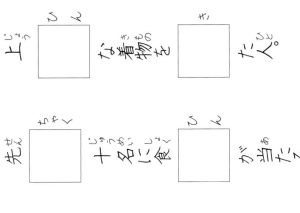

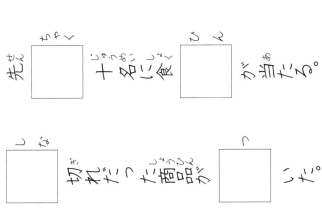

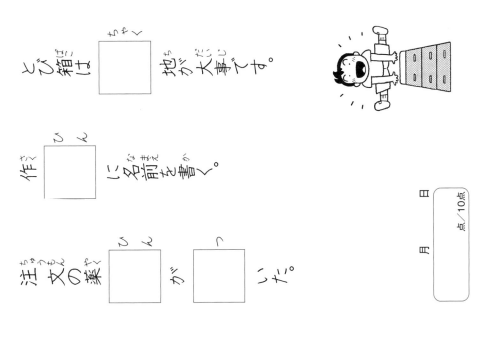

84

湯《ゆ》豆《どう》ふを一《いっ》丁《ちょう》食《た》べた。

湯 トウ ゆ

丁 チョウ

一《いっ》□《ちょう》目《め》のせん□《とう》に行《い》く。

二《に》□《ちょう》目《め》に□《ゆ》けむりが見《み》える。

ほう□《ちょう》を熱《ねっ》□《とう》であらう。

湯船《ゆぶね》から□《ゆ》気《げ》が立《た》つ。

ぼくの家《いえ》は一《いっ》□《ちょう》目《め》一番地《いちばんち》。

□《ゆ》豆《どう》ふを一《いっ》□《ちょう》食《た》べた。

月　日

点／10点

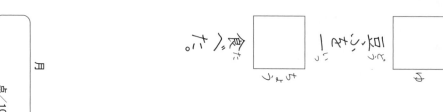

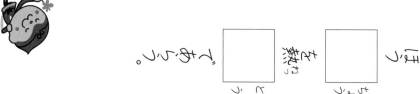

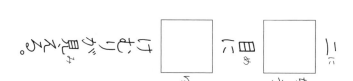

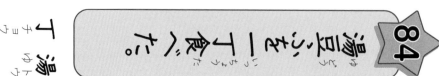

85 自《じ》転《てん》車《しゃ》で追《つい》走《そう》する。

転 テン　ころがる　ころぶ

追 ツイ　おう

自《じ》□《てん》車《しゃ》で□《お》いかける。

□《てん》校生《こうせい》の後《あと》を□《お》う。

□《お》いかけっこで□《ころ》んだ。

頭《あたま》の回《かい》□《てん》が早《はや》い。

ご飯《はん》を□《つい》加《か》注文《ちゅうもん》した。

自《じ》□《てん》車《しゃ》で□《つい》走《そう》する。

月　　日

点／10点

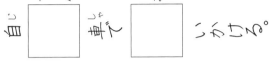

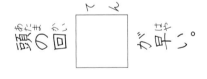

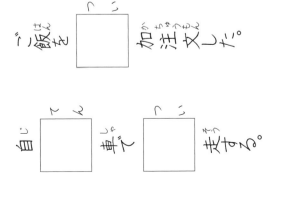

86 病院《びょういん》で配《くば》る予定《よてい》です。

予 ヨ

定 テイ ジョウ さだめる さだまる

三角《さんかく》□《じょう》ぎを使《つか》って□《よ》習《しゅう》した。

□《よ》想通《そうどお》りに日時《にちじ》が□《さだ》まる。

□《てい》休日《きゅうび》だとの□《よ》感《かん》が当《あ》たる。

電車《でんしゃ》の乗客《じょうきゃく》は□《てい》員《いん》オーバー。

大雨《おおあめ》になると□《よ》言《げん》した。

病院《びょういん》で配《くば》る□《よ》□《てい》です。

月　日

点／10点

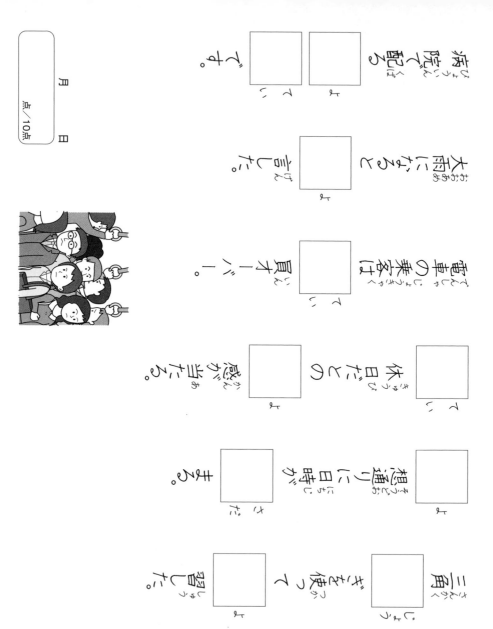

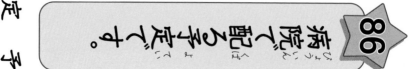

87 都《と》立《りつ》病《びょう》院《いん》は十《じゅう》院《いん》ある。

都 ト ツ みやこ

病 ビョウ やまい

□《びょう》気《き》で□《つ》合《ごう》がつかない。

住《す》めば□《みやこ》、ここで□《やまい》も治《なお》る。

□《と》心《しん》の□《びょう》院《いん》に入院《にゅういん》した。

京都《きょうと》は古《ふる》い□《みやこ》です。

「□《やまい》は気《き》から」はことわざ。

□《と》立《りつ》□《びょう》院《いん》は十院《じゅういん》ある。

月　　日

点／10点

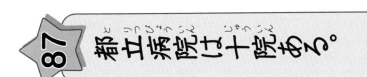

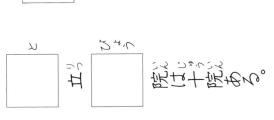

88 小島《こじま》にも畑《はたけ》がある。

島　トウ　しま

畑　はた　はたけ

半《はん》□《とう》の段々《だんだん》□《ばたけ》はいい景色《けしき》。

はなれ□《じま》で□《はた》作《さく》をする。

□《しま》国《ぐに》でも田《た》□《はた》をたがやす。

□《はたけ》仕事《しごと》にはげむ農家《のうか》。

日本列《にほんれっ》□《とう》には七千《ななせん》の島《しま》がある。

小《こ》□《じま》にも□《はたけ》がある。

月　　日

点／10点

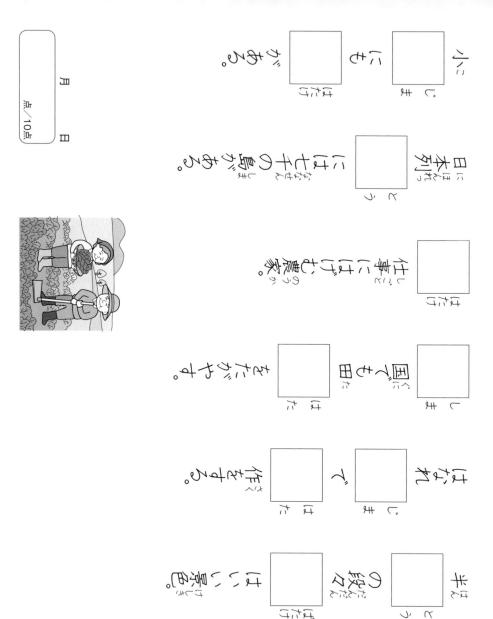

89 飲料《いんりょう》を平等《びょうどう》に分《わ》ける。

平 ヘイ ビョウ たいら ひら

等 トウ ひとしい

□《ひら》泳《およ》ぎの大会《たいかい》で一《いっ》□《とう》になった。

上《じょう》□《とう》なかしを□《へい》気《き》で食《た》べる。

二《に》□《とう》分《ぶん》したスイカを□《たい》らげる。

辺《へん》の長《なが》さが□《ひと》しい三角形《さんかくけい》。

平野《へいや》に□《たい》らな道《みち》ができた。

飲料《いんりょう》を□《びょう》□《どう》に分《わ》ける。

月　日

点／10点

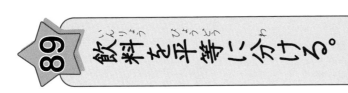

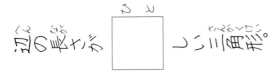

90 自《じ》動《どう》車《しゃ》で氷《こおり》を運《はこ》ぶ。

動　ドウ　うごく

氷　ヒョウ　こおり

□《どう》物園《ぶつえん》で白《しろ》クマに□《こおり》をやる。

□《ひょう》柱《ちゅう》が重《おも》くて□《うご》かない。

湖《みずうみ》の□《こおり》の景色《けしき》に感《かん》□《どう》した。

みんなで重《おも》い石《いし》を□《うご》かした。

流《りゅう》□《ひょう》を見《み》に北海道《ほっかいどう》へ行《い》く。

自《じ》□《どう》車《しゃ》で□《こおり》を運《はこ》ぶ。

月　　日

点／10点

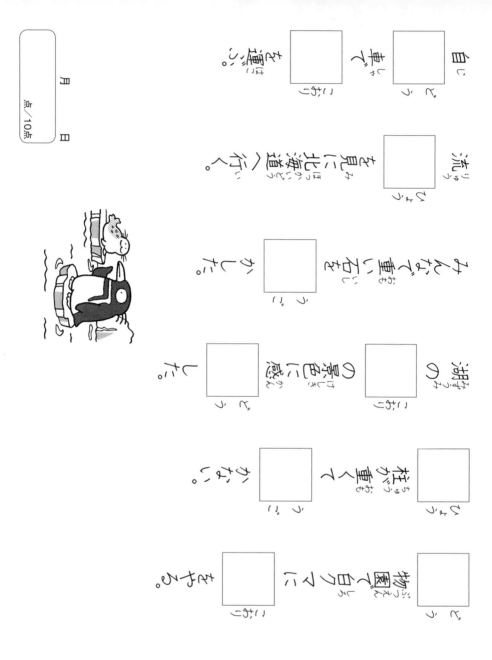

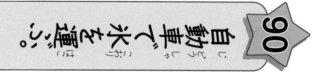

91 児《じ》童《どう》会《かい》で他《た》校《こう》と交流《こうりゅう》。

童 ドウ

流 リュウ ながす

児《じ》□《どう》館《かん》は魚《さかな》の放《ほう》□《りゅう》をした。

□《どう》話《わ》にも□《りゅう》行《こう》がある。

あせを□《なが》して走《はし》る学《がく》□《どう》。

放《ほう》課《か》後《ご》は学《がく》□《どう》ほ育《いく》に行《い》く。

いやなことを聞《き》き□《なが》す。

児《じ》□《どう》会《かい》で他《た》校《こう》と交《こう》□《りゅう》。

月　日

点／10点

おうちの方へ

３年生の200字までもう少しです。1000字も書いたことになります。言葉はもっと覚えたでしょう。やさしくほめてください。

92 心《しん》配《ぱい》の理《り》由《ゆう》を聞《き》く。

配　ハイ　くばる

由　ユ　ユウ

号外《ごうがい》を自《じ》□《ゆう》に□《くば》る。

自《じ》□《ゆう》記入《きにゅう》の用紙《ようし》を□《くば》る。

気《き》を□《くば》りながら理《り》□《ゆう》を聞《き》く。

村祭《むらまつ》りの□《ゆ》来《らい》を調《しら》べる。

新聞《しんぶん》□《はい》達《たつ》の仕事《しごと》。

心《しん》□《ぱい》の理《り》□《ゆう》を聞《き》く。

月　　日

点／10点

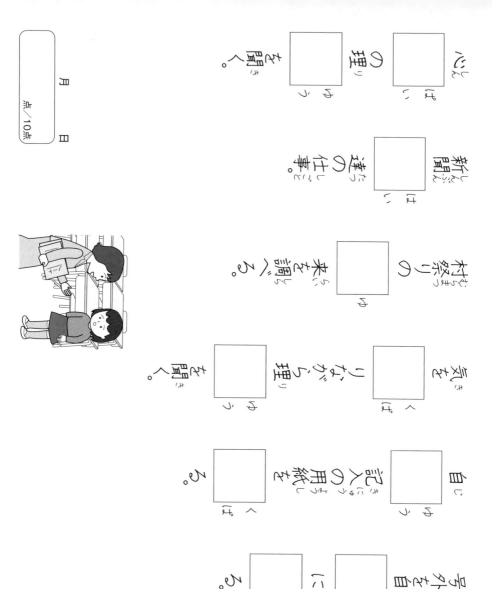

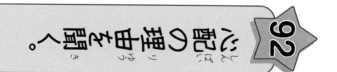

93 三十秒《さんじゅうびょう》の二倍《にばい》は一分《いっぷん》。

秒 ビョウ　**倍** バイ

□《びょう》速《そく》が十《じゅう》□《ばい》になった。

一分《いっぷん》は一《いち》□《びょう》の何《なん》□《ばい》ですか。

十五《じゅうご》□《びょう》の四《よん》□《ばい》は一分《いっぷん》。

一《いち》□《びょう》間《かん》に十《じゅう》メートル走《はし》る選手《せんしゅ》。

ロケット発《はっ》しゃの□《びょう》読《よ》み開始《かいし》。

三十《さんじゅう》□《びょう》の二《に》□《ばい》は一分《いっぷん》。

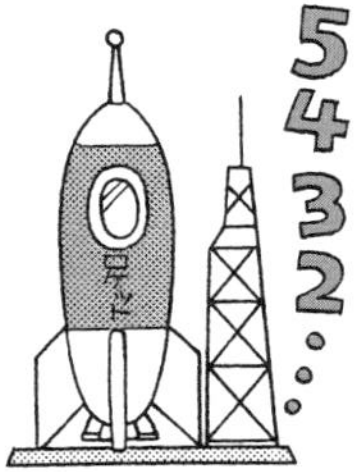

月　　日

点／10点

94 急《きゅう》な坂道《さかみち》を引《ひ》き返《かえ》す。

坂 さか

返 ヘン かえす

□《さか》の上《うえ》の図書館《としょかん》に本《ほん》を□《かえ》す。

□《さか》を上《のぼ》り□《へん》品《ぴん》に行《い》った。

上《のぼ》り□《ざか》はきついと言《い》い□《かえ》す。

□《へん》事《じ》は大《おお》きくはっきりと。

下《くだ》り□《ざか》をゆっくり走《はし》る。

急《きゅう》な□《さか》道《みち》を引《ひ》き□《かえ》す。

月　　日

点／10点

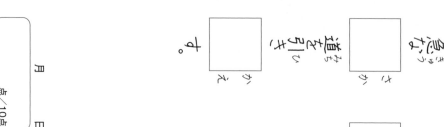

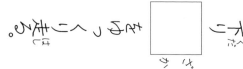

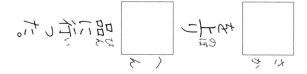

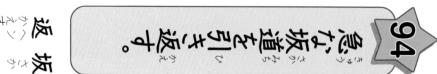

95 けいじ板《ばん》に表《ひょう》をはる。

板 ハン　バン　いた

表 ヒョウ　おもて　あらわす　あらわれる

黒《こく》□《ばん》の前《まえ》に立《た》ち発《はっ》□《ぴょう》する。

□《おもて》通《どお》りにかん□《ばん》を出《だ》す。

□《いた》ばさみの苦労《くろう》が顔《かお》に□《あらわ》れる。

じ石《しゃく》がつく黒板《こくばん》は鉄《てっ》□《ぱん》。

発《はっ》□《ぴょう》会《かい》は時間表《じかんひょう》通《どお》りに進《すす》んだ。

けいじ□《ばん》に□《ひょう》をはる。

月　日

点／10点

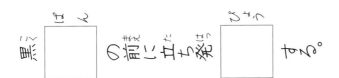

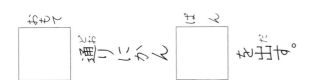

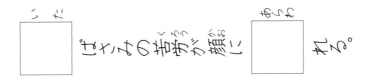

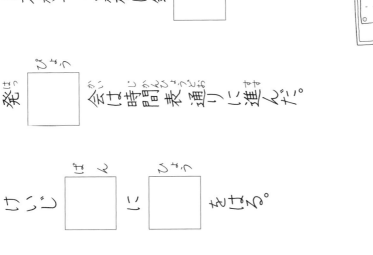

96 美《うつく》しい鼻《はな》の女《おんな》の人《ひと》。

美 ビ　うつくしい

鼻 はな

1. □《うつく》しい花《はな》に□《はな》を近《ちか》づけた。
2. □《はな》声《ごえ》だが□《び》声《せい》です。
3. □《はな》が高《たか》いと□《び》人《じん》に見《み》える。
4. □《び》化係《かがかり》はそうじが上手《じょうず》。
5. □《はな》歌《うた》を歌《うた》いながら歩《ある》く。
6. □《うつく》しい□《はな》の女《おんな》の人《ひと》。

月　　日

点／10点

97 勝負《しょうぶ》は有利《ゆうり》に進《すす》んだ。

有 ユウ　ある

負 フ　まける　まかす　おう

□《あ》り金《がね》全部《ぜんぶ》□《ま》けた主人公《しゅじんこう》。

□《ゆう》名人《めいじん》を言《い》い□《ま》かした。

□《ゆう》力《りょく》な選手《せんしゅ》に力《ちから》□《ま》けした。

□《あ》り合《あ》わせで夕食《ゆうしょく》をすます。

父《ちち》にせ□《お》われて家《いえ》に帰《かえ》った。

勝《しょう》□《ぶ》は□《ゆう》利《り》に進《すす》んだ。

月　　日

点／10点

98 羊《ひつじ》を緑地《りょくち》で放《はな》しがい。

羊 ヨウ ひつじ
緑 リョク みどり

□《みどり》色《いろ》の□《よう》毛《もう》のセーター。

□《ひつじ》をかって□《みどり》の草《くさ》をやる。

□《ひつじ》かいは黄《き》□《みどり》の服《ふく》が好《す》き。

秋空《あきぞら》に□《ひつじ》雲《ぐも》を見上《みあ》げる。

おやつに□《りょく》茶《ちゃ》を飲《の》んだ。

□《ひつじ》を□《りょく》地《ち》で放《はな》しがい。

月　　日

点／10点

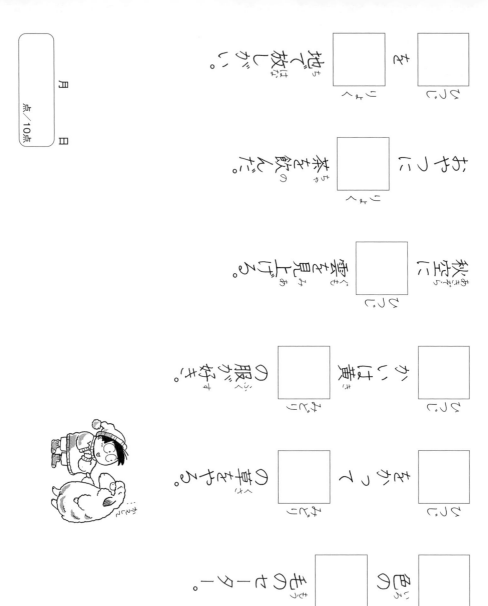

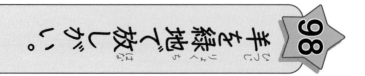

99 油絵《あぶらえ》の練習《れんしゅう》をする。

油 ユ あぶら
練 レン ねる

□《ゆ》田《でん》をほる計画《けいかく》を□《ね》る。

給《きゅう》□《ゆ》計画《けいかく》の□《ね》り直《なお》し。

石《せき》□《ゆ》工場《こうじょう》でぼう火《か》訓《くん》□《れん》。

自転車《じてんしゃ》に□《あぶら》をさす。

祭《まつ》りで町《まち》を□《ね》り歩《ある》く。

□《あぶら》絵《え》の□《れん》習《しゅう》をする。

月　　日

点／10点

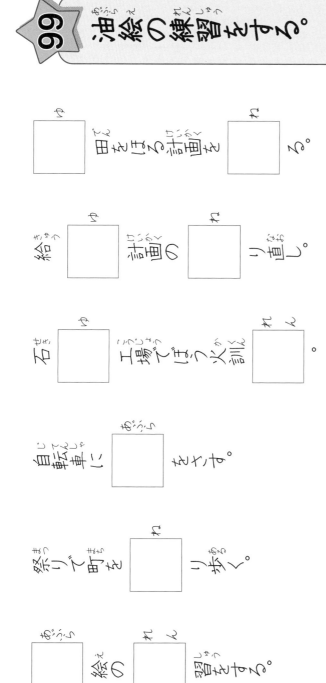

100 落葉《らくよう》が陽光《ようこう》を受《う》ける。

葉 ヨウ は
陽 ヨウ

□《は》っぱに太《たい》□《よう》が当《あ》たる。

□《は》の間《あいだ》から□《よう》光《こう》がもれる。

五月《ごがつ》の□《よう》気《き》で子《し》□《よう》が芽《め》を出《だ》す。

□《よう》気《き》で元気《げんき》な子《こ》。

落《お》ち□《ば》が風《かぜ》にまう。

落《らく》□《よう》が□《よう》光《こう》を受《う》ける。

月　日
点／10点

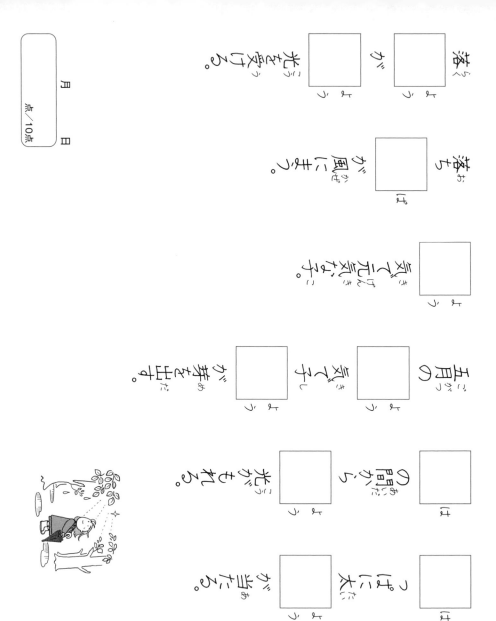

3年生で習《なら》う漢《かん》字《じ》　200字

※はとくべつな読み、（　）は中学、（（　））は高校で習います。

ア

- 悪　アク　わる-い
- 安　アン　やす-い
- 暗　アン　くら-い
- 医　イ
- 委　イ　ゆだ-ねる
- 意　イ
- 育　イク　そだ-つ　そだ-てる　はぐく-む
- 員　イン
- 院　イン
- 飲　イン　の-む
- 運　ウン　はこ-ぶ
- 泳　エイ　およ-ぐ
- 駅　エキ
- 央　オウ
- 横　オウ　よこ
- 屋　オク　や
- 温　オン　あたた-かい

カ

- 化　カ　ば-ける

カ

荷	(カ) に
界	カイ
開	カイ ひら-く ひら-ける あ-く
階	カイ
寒	カン さむ-い
感	カン
漢	カン
館	カン やかた
岸	ガン きし
起	キ お-きる お-こる お-こす
期	キ

カ

客	キャク
究	キュウ
急	キュウ いそ-ぐ
級	キュウ
宮	キュウ みや
球	キュウ たま
去	キョ コ さ-る
橋	キョウ はし
業	ギョウ
曲	キョク ま-がる ま-げる
局	キョク

カ

銀	区	苦	具	君	係	軽	血	決	研	県
ギン	ク	ク / くる-しい / にが-い	グ	クン / きみ	ケイ / かか-る / かかり	ケイ / かる-い	ケツ / ち	ケツ / き-める / き-まる	ケン	ケン

カ

庫	湖	向	幸	港	号	根
コ	コ / みずうみ	コウ / む-ける / む-かう / む-こう	コウ / さいわ-い / しあわ-せ	コウ / みなと	ゴウ	コン / ね

サ

祭	皿	仕
サイ / まつ-る / まつ-り	さら	シ / つか-える

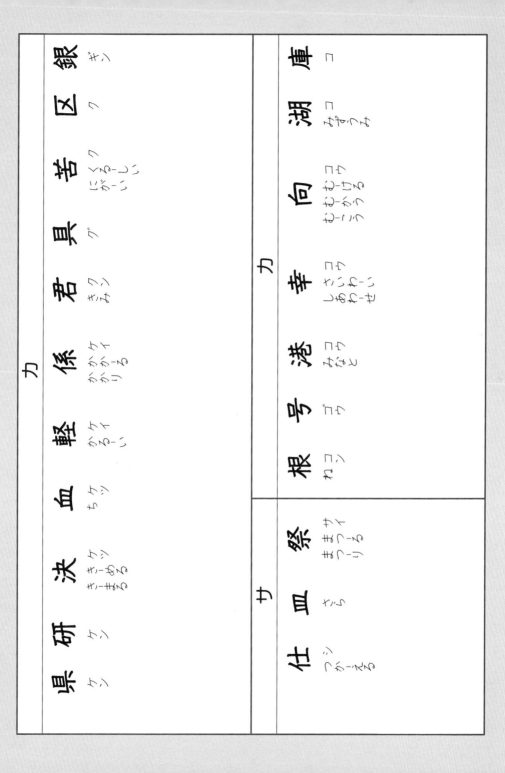

サ

- 死　シ　し-ぬ
- 使　シ　つか-う
- 始　シ　はじ-める　はじ-まる
- 指　シ　ゆび　さ-す
- 歯　シ　は
- 詩　シ
- 次　ジ　つ-ぐ　つぎ
- 事　ジ　こと
- 持　ジ　も-つ
- 式　シキ

サ

- 実　ジツ　み　みの-る
- 写　シャ　うつ-す
- 者　シャ　もの
- 主　シュ　ぬし　おも
- 守　シュ　※ス　まも-る
- 取　シュ　と-る
- 酒　シュ　さけ　※さか
- 受　ジュ　う-ける　う-かる
- 州　シュウ

サ

暑 ショ あつ-い

所 ショ ところ

宿 シュク やど やど-る やど-す

重 ジュウ チョウ おも-い かさ-ねる

住 ジュウ す-む す-まう

集 シュウ あつ-まる あつ-める

習 シュウ なら-う

終 シュウ お-わる お-える

拾 (シュウ) ひろ-う

サ

神 シン ジン かみ

身 シン み

申 (シン) もう-す

植 ショク う-える

乗 ジョウ の-る

勝 ショウ か-つ

章 ショウ

商 ショウ

消 ショウ き-える け-す

昭 ショウ

助 ジョ たす-ける

サ

真	シン ま
深	シン ふか-い
進	シン すす-む
世	セイ セ よ
整	セイ ととの-える
昔	(セキ) むかし
全	ゼン まった-く すべ-て
相	ソウ あい
送	ソウ おく-る
想	ソウ

サ

息	ソク いき
速	ソク はや-い はや-める
族	ゾク

タ

他	タ ほか
打	ダ う-つ
対	タイ
待	タイ ま-つ
代	ダイ タイ か-わる よ
第	ダイ
題	ダイ
炭	タン すみ

タ

短 タン みじか-い

談 ダン

着 チャク き-る つ-く

注 チュウ そそ-ぐ

柱 チュウ はしら

丁 チョウ

帳 チョウ

調 チョウ しら-べる

追 ツイ お-う

定 テイ ジョウ さだ-める さだ-まる

タ

庭 テイ にわ

笛 テキ ふえ

鉄 テツ

転 テン ころ-がる ころ-ぶ

都 ト ツ みやこ

度 ド

投 トウ な-げる

豆 トウ ※ズ まめ

島 トウ しま

湯 トウ ゆ

タ

- 登　トウ　ト　のぼ-る
- 等　トウ　ひと-しい
- 動　ドウ　うご-く
- 童　ドウ

ナ

- 農　ノウ

ハ

- 波　ハ　なみ
- 配　ハイ　くば-る
- 倍　バイ
- 箱　はこ
- 畑　はた　はたけ
- 発　ハツ

ハ

- 反　ハン　そ-る　そ-らす
- 坂　(ハン)　さか
- 板　ハン　バン　いた
- 皮　ヒ　かわ
- 悲　ヒ　かな-しい　かな-しむ
- 美　ビ　うつく-しい
- 鼻　(ビ)　はな
- 筆　ヒツ　ふで
- 氷　ヒョウ　こおり

ハ

漢字	読み
平	ヘイ ビョウ たい-ら ひら
物	ブツ モツ もの
福	フク
服	フク
部	ブ
負	フ ま-ける ま-かす お-う
品	ヒン しな
病	ビョウ やまい
秒	ビョウ
表	ヒョウ おもて あらわ-す あらわ-れる

ヤ

漢字	読み
由	ユ ユウ
薬	ヤク くすり
役	ヤク

マ

漢字	読み
問	モン と-う と-い ※とん
面	メン
命	メイ いのち
味	ミ あじ あじ-わう

ハ

漢字	読み
放	ホウ はな-す はな-つ ほう-る
勉	ベン
返	ヘン かえ-す

ヤ

油	ユ　あぶら
有	ユウ　あ-る
遊	ユウ　あそ-ぶ
予	ヨ
羊	ヨウ　ひつじ
洋	ヨウ
葉	ヨウ　は
陽	ヨウ
様	ヨウ　さま

ラ

落	ラク　お-ちる　お-とす
流	リュウ　なが-す

ラ

旅	リョ　たび
両	リョウ
緑	リョク　みどり
礼	レイ
列	レツ
練	レン　ね-る
路	ロ　じ
和	ワ

とくべつな読み方

部屋	へや
八百屋	やおや

学習《がくしゅう》の記ろく

	学習した漢字	点数
1	院・安	
2	庭・植	
3	悪・暗	
4	両・血	
5	発・医	
6	委・員	
7	意・味	
8	育・係	
9	薬・飲	
10	漢・勉	
11	帳・面	
12	農・業	
13	鉄・橋	
14	旅・館	
15	速・球	
16	進・化	
17	豆・箱	
18	客・様	
19	問・題	
20	荷・物	
21	屋・根	
22	路・列	
23	遊・急	
24	整・乗	
25	庫・運	

	学習した漢字	点数
26	泳・開	
27	駅・笛	
28	央・横	
29	温・度	
30	世・界	
31	登・階	
32	寒・息	
33	感・想	
34	岸・投	
35	起・湖	
36	期・始	
37	研・究	
38	級・代	
39	宮・神	
40	去・相	
41	曲・局	
42	銀・礼	
43	使・具	
44	区・役	
45	苦・炭	
46	君・受	
47	重・軽	
48	談・決	
49	県・族	
50	祭・向	

	学習した漢字	点数
51	幸・福	
52	港・波	
53	第・号	
54	洋・皿	
55	仕・事	
56	死・者	
57	指・皮	
58	取・歯	
59	短・詩	
60	次・待	
61	式・持	
62	真・実	
63	写・宿	
64	主・酒	
65	守・身	
66	州・住	
67	命・拾	
68	暑・終	
69	筆・習	
70	商・所	
71	助・勝	
72	消・放	
73	落・集	
74	昭・和	
75	章・服	
76	全・申	
77	部・深	
78	昔・悲	
79	注・送	
80	他・調	
81	柱・打	
82	反・対	
83	品・着	
84	湯・丁	
85	転・追	
86	予・定	
87	都・病	
88	島・畑	
89	平・等	
90	動・氷	
91	童・流	
92	配・由	
93	秒・倍	
94	坂・返	
95	板・表	
96	美・鼻	
97	負・有	
98	羊・緑	
99	油・練	
100	葉・陽